Julien Giraud

**Manuel pratique et efficace de gestion du stress (Avec exercices mp3)**

Julien Giraud

# Manuel pratique et efficace de gestion du stress (Avec exercices mp3)

## Transformez votre stress en une source d'énergie et accédez enfin à la sérénité au quotidien

Éditions Vie

**Impressum / Mentions légales**

Bibliografische Information der Deutschen Nationalbibliothek: Die Deutsche Nationalbibliothek verzeichnet diese Publikation in der Deutschen Nationalbibliografie; detaillierte bibliografische Daten sind im Internet über http://dnb.d-nb.de abrufbar.

Information bibliographique publiée par la Deutsche Nationalbibliothek: La Deutsche Nationalbibliothek inscrit cette publication à la Deutsche Nationalbibliografie; des données bibliographiques détaillées sont disponibles sur internet à l'adresse http://dnb.d-nb.de.

Coverbild / Photo de couverture: www.ingimage.com

Verlag / Editeur:
Éditions universitaires européennes
ist ein Imprint der / est une marque déposée de
OmniScriptum GmbH & Co. KG
Heinrich-Böcking-Str. 6-8, 66121 Saarbrücken, Deutschland / Allemagne
Email: info@editions-ue.com

Herstellung: siehe letzte Seite /
Impression: voir la dernière page
**ISBN: 978-3-639-48491-5**

*MANUEL PRATIQUE ET EFFICACE DE*
*GESTION DU STRESS*


Par Julien GIRAUD

## Avant-propos

La première question que je me suis posé lorsque j'ai commencé à écrire ce livre était : Pourquoi faire un « autre » livre sur le stress ?

La réponse n'était pas si évidente à première vue. Il y en a tellement sur le marché aujourd'hui, qu'il est devenu difficile de pouvoir savoir lequel prendre pour quel besoin et quel résultat ?! Qu'aurais-je bien à apporter dans ma démarche ?

Alors j'ai changé de question, et me suis demandé ceci : « Qu'est-ce qui fait que certaines personnes gèrent plus facilement le stress que les autres ? ».

Je tenais une question essentielle, un fondement qui ne me semblait pas être présent dans tous ces différents livres sur la gestion du stress que l'on trouve un peu partout.

C'est alors que j'ai véritablement lancé mon projet. Je savais quoi faire et surtout pourquoi ! Il fallait un but, une finalité à tout ça, sinon comment arriver au bout ?

Le chemin n'a pas été si évident je dois dire. Quel titre, quels chapitres, c'est intéressant mais dois-je en parler, si je mets ceci ou cela, …

Il m'a fallu recommencer plus d'une de fois mon livre. Parfois avec seulement quelques pages et parfois des dizaines. Ce n'était jamais bon, il fallait que ce soit spécial, utile. Dans la forme comme dans le fond.

Alors j'ai repris tous les livres que j'avais en ma possession, ceux que j'avais apprécié, et ceux qui n'avaient présenté qu'un intérêt mineur.

Et puis j'ai trouvé ce que c'était. Le partage, le vécu, le vrai. Pas d'écriture académique, pas de formule en tout genre pour amener gentiment la solution au problème. Il fallait être direct, franc. Il fallait que ce soit vivant, créatif, amusant, et adaptable à chacun.

Alors c'est ce que j'ai fait dans ce livre, je vais vous parler, discuter avec vous, je vais vous poser des questions, vous donner certaines réponses (pas tout, il faudrait pas vous mâcher le travail tout de même), et surtout on va secouer un peu tout ça pour qu'enfin vous sortiez du stress et de son impact sur vous, votre santé, vos relations, et votre réussite !

En résumer, je vais faire en sorte que vous atteignez vos objectifs en matière de gestion du stress et des émotions, vite et bien !

**C'est parti !**

## Introduction

Je vous souhaite la bienvenue dans cette aventure qui va vous mener au delà de votre stress, dans un monde de bien-être, de détente, de tranquillité. Et qui en plus n'impose pas de limite de temps ! Vous allez vraiment pouvoir y rester autant que vous en aurez envie !

J'ai décomposé ce livre en 3 parties, et des bonus. Chaque partie a pour but de vous informer sur le stress et la façon de changer votre façon de le vivre au quotidien.

Dans la première partie, je fais le point avec vous sur ce qu'est vraiment le stress, ce qu'il peut faire ou non. Et l'impact qu'il peut avoir sur nous et notre santé au cours du temps. Vous pourrez aussi tester votre propre niveau de stress pour savoir où vous en êtes exactement.

Dans la seconde partie, je vous exposerai des notions qui me semblent importantes pour pouvoir intégrer les techniques et surtout comprendre que le stress n'est en rien une fatalité de laquelle on peut tout à fait sortir facilement !

Enfin, dans la troisième et dernière partie, nous verrons les techniques à proprement parler. J'ai fait une sélection de ce qui me semble être les techniques les plus efficaces et rapides en matière de gestion du stress et des émotions.

Et comme je n'aime pas faire les choses juste pour les faire, chaque techniques vous permettra aussi, d'aller plus loin dans votre démarche de développement personnel, quelque soit vos attentes, vos envies et vos choix.

Au fait, je vous ai parlé de BONUS, car j'ai pris la liberté de vous préparer des pistes audio d'entrainement, pour une partie des techniques proposées en partie 3. Ainsi, vous pourrez profiter plus facilement des exercices, et surtout vous entrainer plus facilement. Pour pouvoir télécharger vos pistes audio, je vous donne rendez-vous à l'adresse suivante et profitez bien !

http://vitaevolution.com/exercices-mp3/

**( Mot de passe : NoStress1 )**

# Le stress

## Qu'est ce que le stress ?

Le mot « stress », vient du latin *stringere*, qui lui même a donné naissance aux mots étreindre et détresse en français.

Ce terme reste tout de même anglais, et commença a être utilisé aux alentours du XVII - XVIII ème siècle. Il permettait d'exprimer une contrainte, une épreuve, une force s'appliquant à quelque chose. Et par la suite s'est intégré au monde de la métallurgie.

On doit l'apparition de ce terme appliqué à l'Homme, par Hans Seyle, Biologiste et Endocrinologue Canadien qui détermina une première approche scientifique du phénomène du stress en 1936.

Ses premières études s'intéressaient seulement au côté physiologique, et au stress éprouvé par le corps lorsqu'il était en contact ou présence de phénomènes stressants (douleurs, températures, virus, bactéries, …). C'est par la suite, qu'il appliqua son approche au caractère émotionnel et psychique du stress.

Il décrivit alors le « Syndrome Général d'Adaptation » ou SGA, qui expliquait la réaction typique de l'organisme face à une agression, et quelque soit sa nature (physique, morale, psychologique).

Il divisa le syndrome en 3 phases : Une phase d'alarme, une phase de résistance et une phase d'épuisement. Chaque phase étant la réponse normalement développée par l'organisme vivant du stress.

Voici un schéma récapitulant les différentes phases et ce qu'elles induisent :

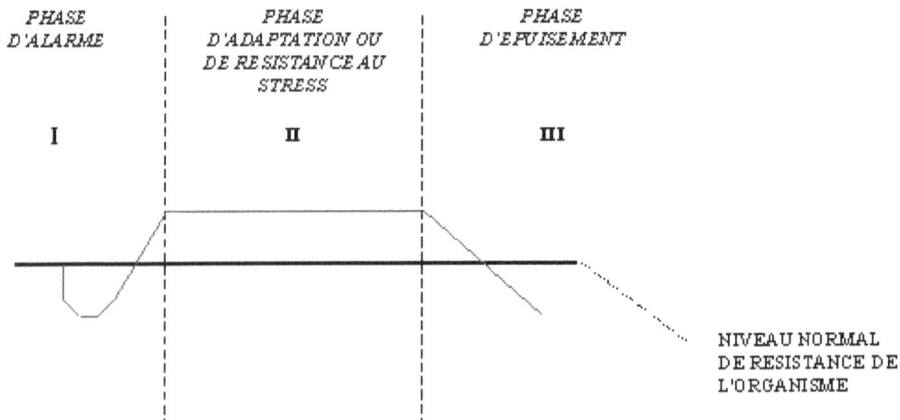

PHASE D'ALARME | PHASE D'ADAPTATION OU DE RESISTANCE AU STRESS | PHASE D'EPUISEMENT

I     II     III

NIVEAU NORMAL DE RESISTANCE DE L'ORGANISME

### 1) La phase d'alarme

Le corps réagit à une situation inhabituelle, et commence à se mettre en tension, change le rythme cardiaque, la vitesse de la respiration, et lance la production d'Adrénaline qui permet à l'organisme de réagir rapidement, si il le doit (éviter un danger/accident.

### 2) La phase de résistance ou d'adaptation

Ici, l'organisme se rend compte que la réaction rapide par l'Adrénaline dans le corps n'a pas suffit à modifier le vécu de la situation. Il lance donc la production de Cortisol (un des marqueurs que l'on recherche lors d'une prise de sang, pour mesurer le taux de stress dans le corps) qui va permettre au corps de maintenir un état de tension constant jusqu'à ce que la solution se mette en place.

### 3) La phase d'épuisement

Elle porte bien son nom, c'est la phase où les résistances du corps lâchent et où l'état d'être de celui ou celle qui vit du stress s'approche dangereusement des états dépressifs voire de la dépression elle-même.

On peut considérer le SGA comme un automatisme programmé génétiquement qui permet de prévenir tout danger et risque, qu'il soit de nature physique ou psychologique.

Hans Seyle n'a cependant pas été le seul a découvrir les règles du fonctionnement du stress. Un physiologiste américain du nom de Walter Bradford Cannon, a permis de comprendre un autre phénomène que l'on nomme : La Réaction d'urgence.

**Prenons un exemple simple :** Vous êtes en ballade et vous n'avez pas vu le bus qui arrivait sur votre gauche. En un instant vous sauter sur le trottoir avant même de vous être rendu compte du danger en présence. C'est une réaction d'urgence et cette réaction est due à l'Adrénaline.

Le corps et l'esprit ont donc différents moyens de réagir face au stress. Et ressentir le stress ne semble pas si inutile que ça. Certes il peut-être compliqué à vivre et à ressentir dans de nombreux cas. Mais d'en bien d'autres, il s'avère plus qu'utile. Le Stress peut après tout nous sauver la vie.

**Voici une liste simplifiée des types de stress que l'on peut éprouver**

- **Stress d'urgence :** Prévenir un danger ou un accident.

- **Stress émotionnel :** Lors d'un vécu suffisamment long jouant sur le mental et l'émotionnel.

- **Stress Chronique :** Apparait suite à un vécu stressant de longue durée et peut influencer le ressenti global sur de nombreux critères qui pourraient pourtant être totalement dissociables du stress initial.

- **Stress mémoriel :** Comme toute expérience vécue, le stress laisse une marque de son passage, et peut devenir, si il est mal vécu ou gérer, un critère de référence, une croyance (un système sur lequel on se base pour filtrer et analyser les événements qui se produisent), qui amènera la personne à reproduire un état de stress sur des événements proches du premier, sans pour autant qu'il y est danger, risque ou nécessité de ressentir du stress.

11

Ce stress mémoriel, due à la mémoire limbique (le système limbique est le nom donné à un groupe de structures du cerveau qui sont responsable des émotions, des comportements et de la mémoire), nous éclaire bien sur la notion de programmation et d'ancrage que nous verrons un peu plus tard.

## Bon ou Mauvais ?

Définir le stress comme quelque chose de Bon ou de Mauvais me semble un peu réducteur. Dire qu'il n'est ni l'un ni l'autre serait tout aussi faux.

Il faut aller chercher l'explication un peu plus loin que ces simples considérations. Il faut se poser la question de savoir ce que l'on fait en cas de stress.

Nous avons vu dans le cadre du Syndrome Général d'Adaptation, que le corps se mettait en tension afin de pouvoir réagir et trouver une solution à la problématique.

On peut donc alors considérer, la tension comme le prémisse d'une action, d'une mise en mouvement pour atteindre un objectif de réalisation, de réussite, d'échappement ou d'évitement.

C'est donc plus une question de finalité que le fait de vivre du stress, qui joue un rôle sur le développement de troubles, qu'ils soient de nature physique (somatique) ou psychologique.

Concrètement, nous avons le choix de fonctionner sur 2 modèles lors de l'apparition du stress :

Le premier, qui amènera vers un stress négatif ou « Distress », est le « Système Inhibiteur d'Action ».

Il est le résultat d'une attente ou d'une action inappropriée qui mène vers un échec et par delà un impact non négligeable du stress sur l'organisme. Nous verrons plus loin, l'effet que peut avoir le stress sur le corps au niveau purement physique.

## SYSTEME INHIBITEUR D'ACTION (S.I.A.)

1 : Attendre et/ou être dans l'impossibilité d'agir

2 : Augmentation du stress

3 : Si persistance, impact négatif sur l'organisme

4 : Peut aller jusqu'à l'échec, et renforcer l'effet négatif

Le second choix qui s'offre à nous, est l'action ! Agir et de manière efficace sur la source de stress, sur notre façon de le vivre, ou encore sur le résultat attendu, permet d'utiliser le stress comme un catalyseur et ainsi de renforcer la mobilisation de nos ressources pour atteindre notre objectif.

Agir permet de ne pas être en victime face à notre stress, et ainsi enclencher un processus de feedback, de contrôle du résultat sur nos actions. Si elles s'avèrent utiles et qu'elles donnent un résultat satisfaisant, et au moins en diminuant le ressenti de stress, alors le stress est un « motivateur » et non plus un déstructurant voire même un destructeur. Le stress est alors dit positif ou « Eustress ».

## SYSTEME ACTIVATEUR D'ACTION (S.A.A.)

1 : Action positive et / ou Réaction face au danger

2 : Agir efficacement

3 : Augmentation du Désir / Fuite / Combat

4 : Réussite

5 : Apparition des effets positifs de l'aboutissement et annulation   des effets néfastes du stress.

14

Nous comprenons donc maintenant que le stress n'est ni bon, ni mauvais en soi. Il y a le « distress » qui peut faire très mal et « l'eustress » qui lui peut vraiment être considéré comme un starter, un réactivateur de vie !

Mais pour pouvoir prétendre à user de ce processus bénéfique, il faut avant toute chose apprendre à faire la part des choses et surtout des responsabilités de chacun.

Nous aborderons la question de responsabilité plus loin. D'ici là, retenez simplement que l'action est le seul remède contre un agent stressant.

## Tout n'est pas dans la tête !

On a souvent tendance à penser que tout se passe dans la tête, mais ce n'est pas si vrai que ça. Après tout lorsque vous vous sentez stressé(e), l'êtes vous simplement dans votre tête, ou cela passe-t-il aussi par des sensations dans le corps ?

Et oui, pour beaucoup de gens, le corps est un des points sensibles dans un cas de stress, quelque soit sa nature.

Nous sommes un tout, un ensemble, et on ne peut décemment pas prendre en compte uniquement le côté psychique ou psychologique du vécu. Le corps aussi a sa propre expérience, et on a démontré à maintes reprises que si l'un des deux, n'allait pas bien, souvent le deuxième ne tardait à défaillir.

Prenons un exemple simple, vous avez un examen extrêmement important à passer. Tellement important que ça vous coupe l'appétit, ça vous donne la « boule au ventre », voire même, vous provoque de la constipation ou de la diarrhée. Bon, vous n'allez pas me dire ici, que tout se passe dans la tête ?

Vous pourriez très bien m'expliquer que c'est une suite de mécanismes du cerveau qui influencent l'état corporel, et je serais d'accord avec vous. Mais vous n'en êtes certainement pas à votre premier livre sur la gestion du stress, ou divers passages sur les forums en ligne, les magazines, etc... Et cela a-t-il fonctionné pour autant ? Peut-être pas... Savez-vous pourquoi ?

Tout simplement, parce que l'information que vous avez tiré de ces lectures, aussi bonne soit-elle, n'est restée que cérébrale, et n'a donc pas pu se vivre dans le corps... Et comme ça n'est pas passé par le corps, alors pas de vécu, pas d'expérience, pas de nouveaux mécanismes sur lesquels le corps et le cerveau peuvent se baser pour améliorer l'état d'être. Donc TOUT ne se passe PAS dans la tête !

Et vous pourrez découvrir par vous-même l'importance et les bienfaits d'une prise en compte du physique dans la mise en place des méthodes et des techniques de gestion du stress et des émotions.

## Les conséquences du stress

Voici une liste certes non exhaustive (car encore difficile de pouvoir classifier la totalité des effets du stress sur l'Homme), mais tout de même représentative de l'impact du stress sur la santé, le corps, l'état de conscience, … :

Type de stress ressenti : « **Stress d'Urgence** »

Phénomènes et troubles liés :

- Augmentation du rythme cardiaque et respiratoire
- « Coup de chaud »
- Tremblements
- Forte transpiration
- Digestion coupée
- …

Type de stress ressenti : « **Stress Emotionnel** »

Phénomènes et troubles liés :

- Souffle coupé
- Manque d'air, Asthme
- Boule à la gorge
- Constipation, colique
- Dermatoses (Problèmes de peau)
- Insomnies, Fatigue
- …

Type de stress ressenti : « **Stress Chronique** »

Phénomènes et troubles liés :

- Repli sur soi
- Epuisement

- Diabète, Cholestérol
- Hyper Tension Artérielle
- Ulcères
- Troubles hormonaux
- …

Type de stress ressenti : « **Stress Mémoriel** »

Phénomènes et troubles liés :

- Réapparition des troubles conséquents au vécu du stress précédent, avec éventuellement de nouveaux troubles complémentaires.

Nous pouvons aussi prendre en compte le critère de la douleur dans les conséquences du stress.

En effet, le stress peut-être considéré à la fois comme cause et effet, voire même comme amplificateur de réception du signal nerveux.

Nous avons vu que le stress provoquait une réaction d'alerte et de mise en vigilance. Cette vigilance fait que nous sommes donc beaucoup plus à l'écoute à la fois du ressenti physique, mais aussi de nos peurs, nos doutes, nos remises en question.

Le mécanisme de la douleur est ainsi fait que nous avons mal d'avoir mal, et la peur d'avoir mal, sauf pour ceux qui aiment souffrir (si, si, il y en a), alors fait que nous sommes stressés augmente notre sensibilité du signal.

Alors, à toutes celles et ceux qui souffrent de douleurs chroniques, peut-être allez vous trouver une réponse supplémentaire par la gestion du stress et des émotions.

## Les personnalités du stress

Nous ne sommes pas tous égaux face au stress. Enfin, c'est presque faux de dire cela. C'est plus exactement que nous ne nous mettons pas tous à égalité face au stress. La responsabilité change de camp ici.

Ce n'est pas ce qui arrive qui détermine votre stress, mais ce que vous faites lorsque quelque chose vous arrive !

C'est une question de personnalité, mais elle se travaille, alors que toutes celles et ceux qui se disent déjà : « Mouais, je dois pas avoir la bonne personnalité, c'est foutu… ».

Et bien NON ! Prenez vos responsabilités, et apprenez dès maintenant à savoir utiliser vos ressources personnelles pour transformer le stress en starter, « motivateur », déclencheur de réussite, et de positif.

### On détermine 2 grands types de personnalités

**Le Type A** :

Il extériorise sa réponse au stress par des réactions plutôt excessives. Impatient, impulsif, travailleur, pressé et même parfois agressif, le Type A se fixe des objectifs élevés, même parfois trop.

Très exigeant avec lui-même, et avec les autres, il est victime d'une programmation soit personnelle, soit familiale, du « sois parfait ».

Enfin, le Type A, est sujet à l'anticipation émotionnelle, et donc aux émotions génératrices de stress telle que l'angoisse. Sujet idéal pour les pathologies cardiovasculaire, ulcère et l'obésité.

19

**Le Type C :**

Tout le contraire du Type A, le C est introverti, obsessionnel. Il intériorise sa réaction face au stress, ce qui lui donne un aspect paisible de « faux calme », mais il souffre intérieurement et en silence s'il vous plait !

Le type C est le terrain le plus propice à l'apparition de troubles comme : La dépression, les infections en tout genre, les rhumatismes, les allergies et même le cancer.

Maintenant vous vous demandez peut-être pourquoi on passe du Type A directement au C. Et bien, tout simplement parce que le Type B n'est pas un système privilégié dans notre système de vie moderne.

**Le Type B :**

Intermédiaire, il est toujours d'humeur égale, calme et décontracté (en vérité). Ambitieux mais pas trop, il est surtout caractérisé par une attitude positive et optimiste.

Il est peu sujet aux effets négatifs du stress sur la santé, puisqu'il sait particulièrement garder ses distances avec ce qui le dérange, et une situation négative, ne le reste jamais bien longtemps.

Le Type B, est un peu le Type idéal à viser à partir de ce jour. Il est important de travailler à modifier ses habitudes de personnalité.

Il est rare de posséder toutes les caractéristiques de l'un ou l'autre Type, en général, une personnalité domine les autres. A vous maintenant de faire en sorte que le Type B devienne votre personnalité. Et plus vous la travaillerez, plus elle prendra le pas sur les autres.

# Mode de vie

Nous avons tous un mode de vie qui nous est propre. C'est d'ailleurs bien pour cette raison que nous sommes incapables de cohabiter sereinement avec certaines personnes.

Mais si il y a bien quelque chose qui nous est commun à tous. Ce sont les points sensibles générateurs de stress :

## 1) Les performances :

Dans un monde où la concurrence est rude, et ce dès la naissance. Les performances sont un critère plus que prépondérant pour chacun d'entre nous. Nous devons être le/la meilleur(e) dans tout, tout de suite, et sans se plaindre.

Il faut cependant bien différencier, la performance que l'on se fixe, qui peut-être un excellent levier de motivation et de réussite.

C'est même sain en soi, mais il faut demeurer dans un état de confiance, et aussi veiller à dépenser la totalité de l'énergie en tension générée par cette forte demande (personnelle ou extérieure). Dans le cas contraire, la performance stress fortement.

## 2) Le changement

J'aurais peut-être du le placer en premier. Le changement peut-être source de bonheur, de réussite et de bien-être. Mais il est bien souvent tout le contraire.

Le changement par sa nature fait peur, d'autant plus si l'on est dans une attitude de rigidité, si l'on adhère à des valeurs ou des habitudes strictes.

Tout comme la peur de l'inconnu peut engendrer un excès de stress, le changement lorsqu'il est vécu de manière « obligé » et surtout comme une épreuve où il faut se montrer « à la hauteur », alors il est source de stress négatif.

Plus vous serez adaptable, et plus vous pourrez profiter des opportunités et surtout vivre au positif votre propre évolution !

### 3) La peur et les angoisses :

Qu'est ce que sont ces émotions sinon de l'anticipation ? C'est vrai, nous ne pouvons pas avoir peur de quelque chose qui se passe au moment T. Il faut de l'anticipation pour avoir peur de ce qui « pourrait » être ou se passer.

Les angoisses fonctionnent de manière identique, bien que celles-ci soient bien plus néfastes et limitantes que la peur. Ce n'est pas le même degré. Et celles et ceux qui sont victimes de crises d'angoisses le savent très bien.

La peur et les angoisses ont un pouvoir amplificateur important sur les stimulations en place. Elles préparent bien souvent à vivre ou à affronter des situations qui ne se produiront jamais. Et vous épuisent donc inutilement !

Ces émotions ont vraiment un pouvoir néfaste sur la santé physique et psychologique. Et se débarrasser de celles-ci est véritablement important et représente un grand pas pour celui ou celle qui le franchit.

### 4) La tristesse, le chagrin :

Une séparation, la perte d'un être cher, un deuil, … peut vraiment avoir un impact important au niveau psychologique. Et surtout, cet impact peut-être durable et faire de profond dégâts.

Si l'on ne trouve pas de solution à cette tristesse, à ce chagrin, et que ces sentiments sont réprimés ou tout simplement niés, ils peuvent amener à un état dépressif, qu'il soit physique ou mental.

### 5) L'ennui :

Le manque d'intérêt, la retraite, le chômage sont vraiment des sources de stress importantes. J'ai pu vraiment m'en rendre compte lorsque j'ai travaillé avec Pôle Emploi dans le cadre de formations et   d'accompagnement à la reprise du travail auprès de chômeurs « longue durée ».

L'ennui est un levier de stress important. Il peut même induire dépression et apathie (état de fatigue physique et/ou mental profond).

L'ennui peut amener à penser par le doute. Douter de notre utilité, de la valeur qu'on nous accorde. Et tout cela amène une diminution de la considération de son image personnelle et parfois même aller jusqu'à une aliénation de nos capacités pourtant nombreuses.

De part la simple connaissance de ces 5 points majeurs. Vous êtes maintenant en mesure de pouvoir déterminer les zones où vous vous sentez le/la plus fragile.

Utilisez le test ci-dessous pour repérer les éventuels modes de vie à prévenir ou à limiter selon vos tendances personnelles. L'échelle de notation sera de **0 à 3, où** :

0 = Pas du tout d'accord, 1 = Un peu d'accord,
2 = D'accord le plus souvent, 3 = Tout à fait d'accord

**Affirmations**

La performance est un critère qui ne me pose aucun problème, et je me donne facilement les moyens d'atteindre les résultats que je souhaite :

**0**      **1**      **2**      **3**

Je m'adapte facilement au changement. C'est d'ailleurs une de mes motivations préférées :

**0**      **1**      **2**      **3**

Je ne dis pas avoir jamais peur, mais c'est plutôt rare. Et quand cela arrive, ça ne dure jamais bien longtemps. Je ne suis pas du genre à me stresser pour des choses qui pourraient possiblement arriver :

0      1      2      3

Être triste peut parfois m'arriver, mais je sais me raisonner et prendre conscience que ma peine est légitime, et ne m'empêche en rien d'avancer :

0      1      2      3

L'ennui peut pointer son nez de temps à autre, mais j'ai rarement le temps d'y prêter attention. J'ai toujours quelque chose à faire, qui finit par m'occuper pleinement :

0      1      2      3

Le but ici étant d'avoir un maximum de réponses comprises entre 2 et 3. Plus vous êtes proche du 0 dans vos réponses à ces affirmations, plus il faudra veiller à changer vos habitudes comportementales et réactionnelles.

Cependant, il faut bien comprendre que ce genre de test n'a pas de caractère définitif. Il sera donc bien de revenir dessus quand vous sentirez la nécessité de refaire le point sur votre situation.

C'est toujours bon de savoir où l'on se trouve sur la carte du chemin que l'on prend. Cela évite de se perdre en route. Et de devoir perdre du temps à retrouver sa route.

## Les signaux d'alertes

Comme le stress ne se vit pas seulement au niveau psychologique, nous pouvons utiliser son impact sur notre corps pour avoir un moyen de contrôle et d'alertes en cas de trop plein de tensions.

Ils existent de nombreux signaux d'alertes et de préventions. Bien que chaque individu ai des alertes qui peuvent diverger de celles des autres. On peut tout de même tenir compte de manière globale de certaines d'entres elles :

- **Les troubles physiques :**

    - Maux de tête
    - Crispation de la mâchoire
    - Tension continue des cervicales
    - Douleur dans le dos
    - Troubles respiratoires en augmentation
    - Allergies exacerbées
    - Mal de ventre, vomissements, constipation, colites, …
    - Dermatoses (psoriasis, urticaire, eczéma, zona, …)
    - Maladies graves : Hypertension, Dépression, Cancer, …

Le tout souvent accompagné de stimulants/excitants pour mieux tenir le choc (café, alcool, drogues, …) et de médicaments pour limiter les conséquences d'un tel rythme de vie.

En ce qui concerne les troubles physiques ils peuvent varier de plus ou moins forte intensité mais restent tout de même proches de ceux évoqués plus haut.

Le fait d'avoir une simple liste comme celle-ci permet de contrôler le niveau de stress auquel nous sommes confronté à un moment donné, mais aussi de vérifier l'impact que cela peut avoir sur notre corps et notre santé.

Les troubles physiques ne sont pas les seuls éléments qui peuvent être signifiants pour contrôler le taux de stress que l'on vit.

- **Le système intellectuel :**

  - Troubles de la mémoire
  - Mauvaise concentration
  - Réflexion limitée par rapport à d'autre période de vie
  - Sensation de surcharge mentale. Sensation d'un trop plein d'informations
  - Procrastination non habituelle (tendance à remettre les choses à plus tard, mais de façon plus importante qu'à la moyenne du comportement habituel)

Notre système réflexif est très sensible au stress. Il peut dans le cas de l'eustress faire des miracles et pousser au delà des limites habituelles l'activité cérébrale, autant en terme quantitatif, que qualitatif. Mais un stress négatif (le distress), lui fini, par limiter l'accès à nos ressources internes.

- • **Le système émotionnel :**

  - Réactions disproportionnées par rapport à l'événement
  - Être à fleur de peau
  - Se mettre en colère pour un rien
  - Réactions refoulées, où tout « est égal » et somatisation

Le système émotionnel est très important dans la prise de décision, des choix de vie que nous faisons à chaque instant, et le voir porter en défaut peut engendrer des situations encore plus négatives qui ne feraient que renforcer l'état de mal être déjà en place.

Il faut donc être tout aussi vigilant(e) face à ses propres émotions et réactions émotionnelles de tous les jours.

- • **Quand la solitude gagne :**

  - « Solitarisation », la personne se détache petit à petit de ses amis, de sa famille, et se replie sur elle-même

- Négativité vis à vis d'autrui : Aucun intérêt d'être en contact avec le monde extérieur
- Tout le monde l'ennuie
- Cynisme exacerbé, et détachement progressif de l'environnement

L'être humain n'est pas fait pour vivre seul. Il a besoin de faire partie d'un groupe, quel qu'il soit. La société moderne ne pousse pas à l'appartenance à un groupe à proprement parler. Il prône l'individualisme avant tout. Mais nous faisons tous partie d'un groupe d'une manière ou d'une autre.

Que ce soit un groupe professionnel (comptable, hôtesse d'accueil, secrétaire, policier, marchant, coiffeur, …), d'un groupe de loisirs ou de sport, ou bien encore d'un statut marital (marié, pacsé, divorcé, célibataire, …).

Alors démontrer une volonté même faible de se détacher d'une reconnaissance « groupale » ne fait que pousser vers le mal-être et la dépression. Même ceux qui sont en dépressions font partie d'un groupe : « dépressif ».

• • **Le système de valeur :**

- Sentiment d'être inutile
- La vie n'a pas de sens
- Ne pas avoir de raison d'être sinon pour l'autre
- Pas de buts à poursuivre et ceux qui étaient en place sont devenus des « à quoi bon ! »
- Il y a bien des pensées de faire mais il y a un fossé entre elles et l'action à mettre en place

Les valeurs sont très importantes. Je travaille tout le temps sur elles durant mes formations, mes séminaires et mes consultations. Une valeur est un support qui a le pouvoir de nous ouvrir toutes les portes ou au contraire de nous enfermer à double tour.

Essayez de faire le point sur vous même par rapport à tout cela. Vous pouvez noter sur un carnet ce que vous pensez avoir et vivre en ce moment.

Cela vous permettra de déterminer vos objectifs un peu plus facilement plus tard.

Mais heureusement pour nous, si nous avons tout un tas de moyens pour être mal, et bien il en existe tout autant pour être bien !

## Quel est votre niveau de stress ?

Avant de savoir exactement comment gérer votre stress, faudrait-il pouvoir faire le point sur votre niveau de stress actuel. Je vous propose donc de répondre avec sincérité et simplicité, sans trop vous poser de questions aux tests suivants. Ils sont élaborés de façon à répondre de la manière la plus précise qu'il soit sur votre état de stress actuel.

Ces tests ont pour but de mettre en corrélation les agents dit « stresseurs » de votre environnement direct et votre niveau de stress propre. Cela vous permettra de savoir d'une part ce qui peut présenter une source importante de stress pour vous, et d'autre part, si votre niveau de stress est moindre, correspondant ou largement supérieur à ce qui devrait être.

Pour répondre le plus sincèrement, vous pouvez baser vos réponses sur les 2-3 derniers mois. Il n'y a pas de mauvaise réponse possible.

### L'échelle de notation va ici de 0 à 5

0 = Pas du tout, 1 = Faiblement, 2 = Un peu, 3 = Assez,
4 = Beaucoup, 5 = Extrêmement

### Test sur votre niveau de stress

Avez-vous des problèmes de sommeil ? (Difficultés à l'endormissement, réveils nocturnes, …)

0      1      2      3      4      5


Avez-vous des problèmes de santé importants ? (Ulcère, maladies de la peau, cholestérol, hypertension, troubles cardiaque, …)

0      1      2      3      4      5

29

Êtes-vous de nature anxieuse ? Vous faîtes vous du souci facilement ?

$$0 \quad 1 \quad 2 \quad 3 \quad 4 \quad 5$$

Avez-vous le coeur qui bât vite, de la transpiration excessive, ou encore des sursauts musculaires au niveau du visage ou des paupières ?

$$0 \quad 1 \quad 2 \quad 3 \quad 4 \quad 5$$

Avez-vous un comportement plutôt perfectionniste ? (Quelque soit le secteur : Professionnel, Personnel, …)

$$0 \quad 1 \quad 2 \quad 3 \quad 4 \quad 5$$

Utilisez-vous l'alcool ou le tabac pour vous calmer/stimuler ou bien encore d'autres produits ou médicaments ?

$$0 \quad 1 \quad 2 \quad 3 \quad 4 \quad 5$$

Êtes-vous de nature à ne pas être satisfait(e) de ce que les autres font ?

$$0 \quad 1 \quad 2 \quad 3 \quad 4 \quad 5$$

Avez-vous des troubles digestifs, des allergies, des maux de tête, de l'eczéma, des douleurs, … ?

$$0 \quad 1 \quad 2 \quad 3 \quad 4 \quad 5$$

Êtes-vous émotif(ve) et plutôt sensible aux remarques et critiques des autres ?

$$0 \quad 1 \quad 2 \quad 3 \quad 4 \quad 5$$

Vous mettez-vous facilement en colère ? (Que ce soit pour des choses importantes ou non)

$$0 \quad 1 \quad 2 \quad 3 \quad 4 \quad 5$$

Vous sentez-vous fatigué(e) ? (Dès le réveil, plusieurs fois par jour, difficultés à tenir le soir, …)

$$0 \quad 1 \quad 2 \quad 3 \quad 4 \quad 5$$

Avez-vous les dents/mâchoire serrées régulièrement ? (Voire même grincements des dents durant la nuit)

$$0 \quad 1 \quad 2 \quad 3 \quad 4 \quad 5$$

**Indiquez votre total de point ici : ……….**

Le test est sur un total de 60 points au maximum. On réparti les réponse en 3 catégories. Reportez vous au tableau ci-dessous pour connaître la nature de votre résultat :

## VOTRE STRESS

### 0 - 20

Vous êtes plutôt tranquille, le stress n'est pas un élément qui vous touche particulièrement. Votre façon de gérer les choses semble vous convenir et vous donner de bons résultats. Veillez tout de même à rester vigilant(e), ça ne veut pas dire que vous soyez définitivement à l'abris.

### 21 - 40

Premiers signes de faiblesses ! Si vous êtes à la limite 21-25, cela peut encore rester raisonnable. Il faut tenir compte de votre environnement qui favorise certainement ce léger dépassement. Cependant, si vous êtes au delà de

25, attention ! Le stress vous gagne. Pour le moment, vous le supportez, mais toutes les cordes ont leur limite. Alors ne tirez pas trop dessus !

Il était temps que vous lisiez ce livre ! Vous comptez aller jusqu'où comme ça ? Concrètement le stress est entrain de vous bouffer de l'intérieur. Il va falloir songer sérieusement à vous mettre au travail et à vite mettre en application les outils qui vous attendent un peu plus loin. Mais pas de panique rien n'est perdu, le calme et la sérénité n'attendent plus que Vous !

Quelque soit votre résultat à ce jour, il est certain qu'il va changer et nous allons faire en sorte, qu'ensemble il baisse autant que possible.

Une certaine partie de ce stress que vous vivez aujourd'hui est issu des agents « stresseurs » et de l'environnement dans lequel vous vivez. En faisant le point sur eux avec le test suivant nous en saurons plus sur les moyens qui seront à notre disposition pour vaincre le stress.

Le test suivant se présente de la même façon, l'échelle de notation est la même. Ce test est fait pour vous uniquement. Alors veillez à y répondre toujours le plus sincèrement possible :

### Questions

Êtes-vous entrain de vivre une situation difficile ? (Décès, perte d'emploi, déception amoureuse, ...)

0      1      2      3      4      5

 Travaillez vous sous pression, dans l'urgence, en compétition ? Vos loisirs sont-ils sources de tensions pour vous ?

0      1      2      3      4      5

Au niveau familial, avez-vous des problèmes ? (Couple, enfants, parents, ...)

0    1    2    3    4    5

Vos activités extra-professionnelles sont elles une source de fatigue ou de tension pour vous ?

0    1    2    3    4    5

Avez-vous un comportement plutôt perfectionniste ? (Que ce soit dans vos activités professionnelles ou de loisirs, vos relations, …)

0    1    2    3    4    5

Votre famille est-elle un soutien ou un poids pour vous ? (Quelque soit le domaine en question : Professionnel, Personnel, Amoureux, …)

0    1    2    3    4    5

Votre travail vous surcharge-t-il de manière fréquente ou permanente ?

0    1    2    3    4    5

Êtes-vous malade ? (Si gravement, choisissez la note représentant le plus l'impact que cela a sur vous)

0    1    2    3    4    5

Votre travail est-il source d'insatisfaction, vous donnant l'impression de perdre votre temps ?

**0**      **1**      **2**      **3**      **4**      **5**

Avez-vous subi, au long de votre vie des situations traumatiques importantes pour vous ?

**0**      **1**      **2**      **3**      **4**      **5**

Votre patron ou vos collègues sont-ils sources de stress et de tensions ?

**0**      **1**      **2**      **3**      **4**      **5**

Indiquez votre total de point ici : ……….

Le test est sur un total de 60 points au maximum. On réparti les réponses en 3 catégories. Reportez vous au tableau ci-dessous pour connaître la nature de votre résultat :

## VOS AGENTS STRESSEURS

### 0 - 20

Votre environnement semble plutôt vous convenir comme il est. Certaines choses pourront être changé, mais dans l'ensemble vous vous y sentez plutôt en sécurité et à l'aise. N'hésitez pas à vous mettre en recherche de nouveaux éléments qui pourraient favoriser la continuité de cet équilibre.

Peut-être est-ce en ce moment, en particulier, mais votre entourage, qu'il soit physique, émotionnel, événementiel, ... vous apporte une source de stress non négligeable. Si c'est passager, veillez à ce que cela ne traine pas trop longtemps. Par contre, si vous ressentez tout cela depuis un certain temps, il va falloir vous faire à l'idée que vous n'êtes pas si bien que ça là où vous êtes et surtout comme vous y êtes !

Vous êtes en guerre ? Non parce que là, vous pouvez aller la faire en Iran, ça ne devrait pas être beaucoup plus dur. Il va falloir songer sérieusement à changer votre façon de faire et de vivre les choses si vous ne voulez pas que ça devienne plus qu'insoutenable. Non, vous n'avez pas encore touché le fond, vous pouvez encore creuser un peu. Mais si vous lisez ceci c'est que j'espère vous avez décidé de faire tout autre chose !

Je vous le répète une fois encore ces résultats ne sont pas figés et peuvent changer à tout moment ! Cela ne dépend que de VOUS !

Essayez maintenant de mettre en relation vos 2 résultats. Voici un moyen de le faire facilement :

Prenez le résultat du premier test (par exemple 25) et le résultat du second test (par exemple 18), puis mettez les en comparaison. Sont-ils égaux ? Y-a-t-il un plus petit ou plus grand que l'autre ?

Dans notre exemple, le stress ressenti est supérieur aux agents stresseurs : 25 > 18. Comparez vos résultats de la même façon, et reportez vous aux éléments ci-dessous

**- Votre stress est inférieur aux Agents stresseurs :**

Vous gérez bien votre stress et l'impact qu'ont vos agents stresseurs sur vous. Mais limiter les agents stresseurs vous permettra tout de même d'utiliser moins d'énergie à vous démettre de tout ça, pour profiter un peu plus encore de la vie !

**- Votre stress est supérieur à vos Agents stresseurs :**

Visiblement vos agents stresseurs ne sont pas la cause principale de votre mal être. Vous n'auriez pas tendance à en rajouter un peu ? Faites le point et assurez vous bien que le stress que vous vivez n'est pas dû à une peur ou au stress de vivre du stress ...

**- Votre stress est égal aux Agents stresseurs :**

A priori les 2 tests ont des résultats compris dans la même tranche (0-20 / 21-40 / 41-60). Votre stress correspond au niveau de tension que provoque vos « agents stresseurs ». Il peut-être cependant intéressant de compter le nombre de points de différence entre les 2 tests, et de vous reporter aux 2 analyses ci-dessus.

Vous pourrez refaire ces tests à votre convenance en tachant de garder tout de même un temps d'écart, afin de vous assurer de la validité d'un changement notable !

## Les notions à intégrer avant d'aller plus loin

### Responsabilisation

Il est toujours délicat pour moi d'aborder cette notion, bien qu'elle soit essentielle. Et ce, pour la simple raison que la responsabilisation n'est pas une notion que l'être humain aime à travailler.

Dès gosse, on rejettera la faute sur l'autre dès que possible, sur le chien, les parents, le temps, et en grandissant sur le patron, le collègue, le mari, la femme, l'enfant, etc...

Nous ne sommes pas préparés à cette éventualité que nous aurions notre part de responsabilité dans ce qui nous arrive. Et pourtant c'est bien le cas.

Alors j'entend déjà d'ici celles et ceux qui sont entrain de pester devant ce texte, en se disant « c'est tout de même pas de ma faute si ..... Il me fera pas croire ça ! ».

Mais quand je vous parle de responsabilité, ce n'est pas tant dans le fait de ce qui vous arrive de bon ou de mal, mais surtout vis à vis de la façon dont vous vivez l'événement. Pour faire simple vous avez la responsabilité de la façon dont vous percevez et vivez ce qui vous arrive.

Un événement va avoir une nature bonne ou mauvaise de par le jugement que vous émettez sur lui. Une chose, un événement, une situation, une personne, une attitude, ... n'a pas de valeur à proprement parler. Ce n'est ni bon, ni mauvais. C'est vos critères de valeurs, de bon/mauvais, de jugements qui font d'une chose qu'elle est bonne ou non. On en voit des exemples chaque jours avec les divergences entre les différentes populations à travers le monde, le monde politique, ...

La responsabilisation ouvre les portes de la liberté. Et quand on est libre, et bien on fait et on vit ce que l'on veut !

Bien entendu le choix de rejeter la faute sur l'autre, sur ce qui pourrait y avoir en haut ou en bas, sur le mari, la femme, l'adolescent en crise identitaire, ou encore le collègue de travail, est bien plus simple. Parce que ce n'est pas de votre faute, alors vous ne pouvez rien faire sinon vous laisser porter jusqu'à ce que tout s'arrange.

Mais comprenez bien ceci : « Celui ou celle qui refuse de prendre ses responsabilités, abandonne son droit d'agir et d'améliorer les choses ».

Vous vous souvenez, nous avions vu ce que faisait le Système Inhibiteur d'Action, lorsqu'on se met dans l'attente et la passivité face aux problèmes. Du NEGATIF ! Rien de plus, rien de moins.

Cette notion de responsabilité ne s'applique pas seulement sur les choses où vous n'avez effectivement pas de responsabilité physique. Cela s'applique aussi, où vous êtes coupable d'une faute, une erreur.

Admettre que l'on s'est trompé, que l'acte n'était pas adapté, que les paroles n'étaient pas les bonnes, est déjà une grande chose. Mais il ne faut pas oublier, que même si vous êtes responsable d'une erreur commise, vous l'êtes tout autant dans votre façon de la gérer et de la dépasser pour en faire autre chose de mieux !

La responsabilisation elle-même dépend du point de vue duquel vous vous placez pour analyser une situation et la vivre.

### « La Carte ne fait pas le territoire »

Cette phrase empruntée au *Comte KORZYBSKI Alfred*, officier de l'Etat-Major de l'armée Russo-Polonaise, qui avait prévu au travers des cartes soigneusement étudiées, d'envoyer son armée attaquer la Prusse.

Ceci étant dit, les cartes pourtant très détaillées ne mentionnaient aucunement les fosses profondes du terrain ennemi, dans lesquelles étaient dissimulées des mitrailleuses. L'issue fût fatale pour l'attaquant.

Delà, cette phrase a été reprise pour démontrer à quel point, la carte personnelle de chacun nous amène à vivre, à faire et à réagir en fonction de nos « croyances » et que bien souvent celle-ci n'est pas la meilleure en soi.

Bien entendu, aucun ne peut prétendre avoir la meilleure carte du monde, la plus détaillée, la plus précise et vérifiable...

Peut-être, certaines cartes seront plus adaptées que d'autres, et la seule chose qui les distingues de celles jugées comme moins bonnes est : Un vaste de champ de possibles !

Plus une carte est composée de possibles, plus elle se rapproche de ce qui se passe intrinsèquement dans une situation. Bien que, comme peut le souligner la Physique Quantique, le simple fait d'observer, modifie déjà la nature de ce qui est observé.

On pourrait encore reprendre une note de *Daniel KAPLAN* « **La carte fait le territoire** » où il utilise l'inverse, pour démontrer que la carte n'est en rien une représentation exhaustive et réelle de ce qui est.

Parce qu'elle agit, elle modifie au besoin la perception, elle produit son auto-vérification, pour que cette carte soit effectivement congruente mais seulement avec le territoire de celui qui la possède.

Appliquer cette notion n'est pas une mince à faire ! Il faut remettre en question tout votre schéma de perception. Peut-être que ce que vous n'aimiez pas, vous auriez pu l'adorer... Peut-être aussi que cet ancien collègue de travail qui vous sortait par les yeux, et qui maintenant est parti ailleurs, aurait pu être votre meilleur ami...

Bien entendu, j'exagère (que peu) les choses. Cela pour vous faire comprendre, entendre ou encore voir, que la façon dont vous percevez les choses n'est pas fausse en soi, mais ne vous révèle aucunement l'ensemble des vérités et des possibles.

Ce qui vous amène parfois à vous retrouver en face d'une situation problématique, qui ne l'aurait peut-être pas été, si vous aviez eu la possibilité de percevoir le monde à travers une carte différente ou tout du moins plus libre dans ses « possibles ».

Au delà de parler de problématique, nous pouvons tout à fait évoquer ces situations où l'on se retrouve en concurrence directe avec l'autre, concernant une prise de décision que l'on ne conçoit pas. Tout du moins sur notre carte.

**Pour exemple :**

« *Mon voisin porte un attrait tout particulier à sa réussite sociale, et dernièrement j'ai appris qu'il avait sciemment choisit de ne pas prendre de vacances et donc de ne pas partir avec ses enfants à la mer durant les 3 dernières années. Car il devait fournir un travail bien précis pour atteindre son objectif et gagner en grade dans l'entreprise.* »

Certains considéreront que c'est légitime et qu'il n'a pas à être blâmé de cela... d'autres au contraire trouveront son attitude déplacée, et il aurait du, comme tout bon père qui se considère comme tel, privilégier ses enfants et sa vie de famille, à une situation professionnelle qui risquerait de lui prendre encore plus de temps sur sa vie personnelle par la suite...

Voilà donc un élément bien concret de ce que peuvent provoquer les filtres individuels sur le jugement d'une situation ou d'une personne. Ici, aucun n'a raison ou tord, la réalité reste la même, mais elle est perçue différemment.

Commençons par comprendre que toutes les situations que nous traversons qu'elles soient de notre fait, ou bien indépendantes, restent des situations neutres.

Elles ne prennent une valeur émotionnelle que parce que nous les percevons et que nous émettons un jugement envers elles. Je ne dis pas que de perdre un proche ou d'être victime d'une agression n'a pas de valeur négative en soi. Non, je ne le dis pas ! Mais par contre une personne qui perd son emploi par exemple peut le vivre de 2 façons différentes :

« Je ne vais jamais m'en sortir, dans mon secteur personne n'embauche, je suis mal... »

ou alors

« Voilà une opportunité de changer de voie, de faire autre chose, créer une entreprise, me former à un autre métier... »

Les 2 sont possibles, un tempérament différent, une histoire différente, ... soit ! Mais tout le monde peut choisir la deuxième approche, il suffit d'être objectif et de se donner pour point d'arriver du positif... sinon, oui, vous êtes et vous serez très très mal « barré(e) »!

C'est ce que j'appelle, développer une « **réalité objective** ». Faire du monde qui nous entoure un champ de possibilités infinies bien que nous n'en connaissions pas la teneur. Chaque éléments, chaque événements, a de multiples façons de s'exprimer, de se percevoir... à nous de faire en sorte d'en tirer au maximum les éléments positifs à notre bien-être et notre évolution agréable.

Les mieux placés pour en parler sont les anciens malades, les ex-cancéreux, les ex-paralysés, les ex-à l'article de la mort, ... Eux ont compris, ils ont eu pour la majeur partie une illumination, une prise de conscience, une réponse, importe peu le nom qu'on lui donnera. Ils ont compris une chose ! C'est que la vie ne vaut d'être vécu, que si on fait en sorte qu'elle le soit positivement !

Soyons honnête envers nous-même, reconnaissons notre subjectivité chronique. Apprenons à percevoir le monde de manière objective et tirons en un maximum de positif. Après tout nous avons ce choix de faire de notre carte soit : Un terrain propice aux ennuis et aux problématiques, soit une étendue de possibilités toujours plus positives les unes que les autres, le tout accompagné d'une certaine *responsabilité.*

Nous pouvons tout aussi bien avancé le fait que, lorsque nous vivons une situation conflictuelle, une problématique, il y a de fortes chances pour qu'elle soit tout à fait différente pour une personne n'utilisant pas la même carte que nous.

On pourrait trouver ici une preuve assez tangible d'un autre mensonge du même type que vu plus haut :

« Il n'y a pas de problèmes, il n'y a que des façons différentes de percevoir une situation et de savoir l'utiliser au mieux »

Je comprends qu'il peut être parfois difficile d'intégrer de tels concepts et surtout quand on traverse une période de vie difficile, de remise en question, de changements profonds, ...

Mais plus vous travaillerez dans le sens que je vous propose, plus vous serez à même de développer les potentiels qui n'attendent que votre « feu vert » pour démarrer ! Vous pourriez même utiliser le mensonge créatif pour intégrer petit à petit tout ce que je vous propose ici.

## Le monde qui nous entoure

Saviez-vous que nous ne vivons pas tous dans le même monde ? Si, si je vous assure ! Il vous est surement déjà arrivé de parler à une personne, et vous ne savez pas pourquoi, ce jour là, avec cette personne en particulier, impossible de lui faire comprendre ce que vous vouliez lui dire ! C'est dingue non ?

Alors vous vous êtes surement braqué, vous avez du vous dire que cette personne était bornée, qu'elle ne voulait pas entendre ce que vous vouliez dire, et qu'elle préférait certainement voir ça de sa fenêtre…

Bref, une personne comme parfois, qui n'a aucunement l'intention de faire un effort pour vous comprendre. D'ailleurs c'est à croire certaine fois, qu'on ne parle pas la même langue !

Et bien vous n'êtes pas si loin du compte. Nous savons très bien, que nous aurions toutes les difficultés possibles à communiquer avec un habitant de la Chine profonde, si nous ne connaissons pas un mot de Chinois.

Mais si on parle la même langue, alors pourquoi est-ce parfois si difficile ? Après tout, on comprend la nature des mots employés, ce sont des mots que l'on utilise plus que couramment … mais non ! On ne se comprend pas !

Et bien la réponse se trouve dans la « modélisation » ou si vous préférez le « modelage » de notre vision du monde. Un même monde avec plusieurs définitions possibles en gros.

Voici un petit dessin que je tenais à vous montrer et que vous connaissez peut-être déjà. Un parfait exemple, de ce qui est avancé ici :

Certains verront en premier lieu un Canard, et d'autres un Lapin. Les 2 sont possibles. On peut aussi prendre pour exemple celui-ci :

Alors ? Que décidez-vous de voir ? Jeune femme avec un raz-de-cou tournant la tête vers la droite ou vielle dame ? ... Peut-être pourrions-nous même aller jusqu'à analyser votre toute première façon de voir cette image ?...

Je prends délibérément ici des illusions d'optiques, mais qui toutefois, démontrent bien que nous sommes facilement sujet aux interprétations et aux mécanismes de jugements internes.

Après tout, ces dessins sont si ambigus que le cerveau n'a de possibilité que de faire un choix vis à vis des croyances internes.

Un petit dernier pour vous montrer à quel point le cerveau peut se programmer facilement à la croyance de quelque chose :

Ceux qui ne connaissent pas celui-ci, ne savent pas trop quoi y voir. Mais à partir de l'instant où l'on vous donne pour réponse qu'il faut voir le mot **FIL**. Alors, à partir de là, il devient très difficile de retrouver la forme étrange du premier abord.

Le cerveau s'est programmé à voir le mot FIL et ne peut s'en détacher, car à chaque fois que l'on regarde, on applique le filtre qui nous a été donné.

Pour la vision du monde que nous avons tous, c'est le même phénomène. Imaginez que vous soyez maintenant capable de faire en sorte que les filtres que vous poser à chaque instant vous offrent une vision plus large plus étendu des choses. Non seulement vous serez capable de comprendre les autres mais aussi de trouver des solutions là.

### De l'utilité des émotions

Le but de ce livre est de vous apprendre à gérer facilement votre stress et vos émotions. Mais gérer ne veut pas dire bloquer ou empêcher. Bien au contraire !

Les émotions sont extrêmement importantes, et c'est la façon dont nous les interprétons et dont nous nous en servons qui font d'elles des éléments positifs à notre évolution ou non.

On entend de plus en plus parler des émotions, dans les magazines, les émissions radio, télé, sur internet... Sortie de l'aire du QI (Quotient Intellectuel), le QE (Quotient Emotionnel) prend une place prépondérante, et a permis l'essor de méthodologies visant à travailler sur les émotions et leur gestion.

Mais en quoi le QE est-il si important qu'il pourrait supplanter le QI ? Tout simplement que les émotions ont leur importance dans la prise de décision. Quelque soit la décision à prendre de par sa nature, son objectif, ou encore son attachement direct à la personne décisionnaire...

Des études ont démontrées que les personnes ayant eu un traumatisme cérébrale sur une zone spécifique du cortex, ayant provoqué une perte de l'accession aux émotions, empêche ces personnes de prendre des décisions. Quelles soient personnelles ou totalement extérieures à la personne :

« Les travaux de l'équipe d'Antonio Damasio, Professeur de neurologie à l'Université de l'Iowa, ont réussi à prouver ce lien direct [entre les émotions et la prise de décision].

L'équipe a démontré que chez des patients atteints de lésions cérébrales leur empêchant tout ressenti, la mécanique de prise de décision se retrouvait tout simplement en panne. Ces patients étaient par exemple incapables de fixer une date pour un simple rendez-vous. Sans émotion, il n'existe pas de prise de décision. »

*Extrait tiré d'un article de www.journaldunet.com*

Prendre une décision seulement «logique, réfléchie» avec son « QI » comme le dit le Psychologue Damasio Antonio « n'est pas humain » ! L'émotion doit être présente pour provoquer cette prise de décision, de position...

Les émotions, vos émotions ont alors toutes leur importance ! Il est impensable dans ces conditions de ne pas en tenir compte, et de ne pas y prêter une attention toute particulière.

Mais ce lien nécessaire aux émotions, amène une problématique de taille ! Devrions-nous laisser nos émotions gérer nos actes, nos pensées, nos choix, nos décisions ?

Agir en lien avec ses émotions va vous demander un peu plus que ça ! Vous ne pouvez décemment pas laisser seulement vos ressentis prendre les décisions pour vous... Sinon vous ne ferez pas grand chose... Vos peurs, vos doutes, vos croyances limitantes vous bloqueraient !

Et vous risqueriez aussi de prendre des décisions peu propices à vous mener vers des choses « toujours » bénéfiques pour vous, et surtout si vos émotions principales sont la peur, le doute, et tout autre état émotionnel peu enviable.

## I) Les émotions éclairent notre carte du monde :

Au delà de nous permettre de prendre des décisions. De choisir quoi faire, quand et comment... Les émotions ont aussi une autre raison d'être ! Elles nous servent à savoir où nous nous situons... Que sommes nous entrain de vivre ? Est-ce bon ? Est-ce mauvais ?

Elles sont en quelque sorte les « Garde-fou » de nos pensées, de nos perceptions... Ce sont elles qui nous amènent à penser positivement ou à l'inverse de manière négative. Un filtre supplémentaire à la perception du monde extérieur. Un nouveau cadre subjectif !

De cette manière, en apprenant à gérer ses émotions, de manière objective, sans a priori, et de façon positive, vous apprendrez à créer un ensemble cohérent dans votre volonté d'aller vers toujours plus de positif.

Vous serez alors à même de prendre les décisions pour vous et votre bien-être, en évitant de passer par vos croyances limitantes, vos doutes et vos peurs... Car vous saurez reconnaître en vous les émotions justes et celles qui ne sont que le fruit de vos croyances négatives... Par de simples questionnements tels que :

*« Je ressens ........, cela me mets mal à l'aise. Mais cette impression est-elle fondée, ou n'est-ce qu'un a priori ? »*

En procédant ainsi, vous allez prendre le recul nécessaire pour percevoir votre émotion dans un contexte extérieur et ainsi agir en conséquent. Si votre ressenti est fondé, alors prenez en acte !

Si il n'a pas de raison particulière d'être, alors agissez de façon à ce que votre gestion des émotions et du stress transforme cette expérience en quelque chose de beaucoup plus neutre, pour éventuellement par la suite en faire du positif. Faites-vous confiance, et vos émotions suivront cette voie dans laquelle vous vous engagez !

Pour vous donner une idée concrète des sentiments qu'il faut travailler et ceux qu'il faudra éviter le plus possible, voici une liste généraliste, que vous pourrez actualiser au besoin :

| Sentiments Positifs | Sentiments Négatifs |
|---|---|
| Espoir | Peur |
| Gratitude | Culpabilité |
| Amour | Ressentiment |
| Joie | Doute |
| Passion | Revanche |
| Bonheur / Enthousiasme | Critiques / Blâme |

| Satisfaction | Haine |
| --- | --- |
| Heureuse attente | Colère |
| Confiance | Inquiétude |
| Calme / Sérénité | Enervement |

Chaque émotions, sensations, sentiments à sa raison d'être. Mais plus vous fonctionnerez sur du ressenti négatif, plus vos pensées et vos actes vous amèneront vers du négatif. Alors, ne vaudrait-il pas mieux se contenter de vivre des émotions positives ? Bien sur que Oui !

Prenons l'exemple d'une personne qui ressent depuis quelques temps un sentiment de culpabilité. Elle a « a priori » fait une erreur, et se sent coupable de cet échec. Quel va être d'après vous son mode de fonctionnement quant aux projets qu'elle désire mettre en place ?

Il y a de forte chance, comme vous avez surement pu le deviner, qu'elle développe au travers de cette culpabilité, un sentiment d'échec, de doute, voire de peur. Comment dès lors, pourrait-elle réussir à enclencher un processus créatif pour l'atteinte de son objectif ?

Cette situation ne fera que bloquer ses potentiels pourtant immenses et la fera stagner voire reculer dans ses envies, son évolution.

Alors qu'elle serait partie d'office sur un sentiment tel que l'espoir. Ne serait-ce que l'espoir de ne pas refaire la même erreur (si toutefois il y en avait une !?), alors elle aurait permis aux processus internes de mettre en oeuvre des stratégies positives vers la réalisation de ses attentes.

Bien sûr, cela ne vous protégera certainement pas des problèmes que tout un chacun peut rencontrer au cours de sa vie. La perte de personnes proches, des choix difficiles à faire, des erreurs des autres, .... non, je vous l'accorde ! Et c'est pour cette raison, parce que vous ne pouvez gérer l'extérieur, autant alléger au maximum les choses négatives déjà à l'intérieur !

Quoiqu'il en soit d'ailleurs, vous remarquerez avec plaisir, j'en suis certain, qu'avec une telle approche mise en pratique régulièrement, même les plus gros problèmes prendront une tournure toute différente, ce qui vous permettra de trouver des solutions, des possibilités là, où il y a encore quelques temps vous ne trouviez qu'un mur sur lequel vous écraser.

**II) Agir au positif :**

Il s'avère donc essentiel de travailler au positif ! Les émotions ont leurs importances et la nature de celles-ci tout autant. Agir au positif ne semble plus si « New Age » que ça, et s'avère être un moyen efficace de changer vers plus de choses agréables.

La notion d'attirance des opposés ou loi de polarité en physique ne s'applique curieusement pas à la Vie de l'être humain. Plus il pensera négatif moins il attirera le positif.

On parle d'attirance car c'est le mot le plus logique dans ce domaine. Certains appelle cela la « **loi d'attraction** », d'autres préféreront y voir la bienveillance de quelque chose de supérieur. Quelle que soit la vérité ou véritable définition linguistique de ce phénomène, il est là, et existe !

Prenons une situation simple, que chacun d'entre nous a déjà vécu, et fera en sorte bien entendu de ne plus mettre en place , car nous avons compris qu'il ne le fallait plus !

Vous vous levez le matin, fatigué(e), de mauvaise humeur, sans vraiment savoir pourquoi. Vous vous cognez dans le meuble de votre chambre, vous renversez votre tasse de café ou de thé.

Vous êtes en retard, et la journée continue sur cette lancée. Après tout ne vous êtes vous pas dit « pffff... La journée commence bien ! » ? Ne vous êtes vous pas programmé dès la matinée à vivre une journée désagréable ? Et à votre avis qu'est ce qui a provoqué cela ?

Attention, pensez à la notion de responsabilité ! Et oui, c'est Vous, à travers vos émotions négatives, vos pensées désagréables. Votre journée n'a fait que suivre le cours de votre pensée, le cours de vos émotions.

Et que ce serait-il passé si dès le matin, vous aviez remis en question vos ressentis pour plus de positif ? Votre journée aurait-elle pue se dérouler autrement ? J'en suis certain !

Les problèmes n'auraient peut-être plus été des problèmes, ou vous auriez trouvé des solutions qui ne se montraient pas ce jour là, vous ne vous seriez surement pas disputé avec votre mari, votre femme, votre collègue de travail, ...

Tout le monde le sait, et pourtant peu d'entres nous mettent en pratique la pensée positive. Il va falloir que vous fassiez cet effort !

Cela peut commencer tout simplement par prendre le temps de vivre chaque moment agréable, même le plus petit au cours de vos journées. Le beau temps, l'avancé de votre travail, la blague de votre collègue qui vous a bien fait rire, le repas que vous avez dégusté le midi, ...

Pour vous aider dans cette démarche je vous invite à faire ceci, chaque soir, avant de vous endormir. Repensez à votre journée. Que c'est-il passé dans ce laps de temps qui a pu vous apporter une source de positif, aussi minime soit-il ? Un mot, un geste, une histoire, peut-importe ! Cherchez et trouvez au moins un élément par jour qui vous a permis de vivre ne serait-ce qu'un peu de positif.

Plus vous pratiquerez cet exercice, plus vous ressentirez les choses positives qui vous entourent et qui se présentent à vous au long des journées de votre vie. Ne cherchez pas l'extrême, prenez ce qui vous est offert.

La « Positive Attitude » se travaille, tout comme le sportif s'entraine pour atteindre un objectif de gagnant, vous devez travailler à développer ces attitudes positives, qui ne manqueront pas de vous retourner l'ascenseur et de grimper au plus haut !

### III) Le sentiment de « Gratitude » :

Je tenais à revenir tout particulièrement sur le sentiment de « Gratitude ». Pourquoi spécifiquement celui-ci ? Alors qu'ils en existent tant d'autres tout aussi intéressant. Et bien, pour la simple raison, qu'il ne me semble pas vain de croire que la « Gratitude » est l'un des sentiments des plus puissant et positif que l'on puisse vivre.

Des études ont démontrées que le sentiment de gratitude en particulier permettait de stopper le sentiment de peur, de doute et de diminuer considérablement et durablement les émotions négatives.

C'est particulièrement le travail de certains psychologues en « Psychologie Positive » tels que le Psychologue *Robert Emmons* pionnier dans l'étude de la « gratitude » ou encore le *Professeur Chris Peterson* enseignant en psychologie à l'université du Michigan aux Etats-Unis.

Et je vous propose ici de mettre en pratique 2 variantes des travaux qu'il peut régulièrement proposer à ses élèves : Ecrire une lettre de gratitude à l'attention d'une personne qui vous a apporté des choses importantes dans votre vie et une autre adressée à l'inconnu(e) qui vous en apportera encore plus dans l'avenir.

Essayez de faire ce travail d'une manière posée et véritable. Ne le faites pas parce que je vous le demande. Mais bien plus, pour vous permettre de vivre les effets positifs de la gratitude.

Sur votre première lettre, marquez sincèrement tout ce que vous a apporté la personne, qu'elle soit encore là ou non, que vous ayez encore du contact avec elle ou pas. Puis quand vous l'aurez fait, pourquoi pas même lui transmettre. Lui envoyer cette lettre. Pour plus d'efficacité, faites le de vos propres mains et laissez votre ordinateur de côté. Vous n'avez pas besoin de lui pour faire cela.

La deuxième pourra s'adresser à qui vous le souhaitez. Peut-être même à un entité supérieure, une personne de votre imagination, votre ange gardien, la Vie elle-même aussi pourquoi pas. Soyez créatif, et écrivez, remerciez sincèrement tout ce qu'il(s) / elle(s) va (vont) vous apporter dans les temps à venir. Une fois fait, rangez la soigneusement dans un endroit adapté. Qui sait, peut-être pourriez-vous la faire partir par la poste très rapidement ?

Vous vous rendrez compte bien assez vite de la force de ce sentiment. Et pour vous aider encore un peu plus dans cet entrainement, je vous propose un dernier exercice pratique à mettre en oeuvre le soir, le plus souvent possible :

Achetez un carnet, un petit cahier, comme un journal intime par exemple. Chaque soir, lorsque vous aurez fini votre journée, quelque soit l'heure, juste avant de vous coucher, prenez quelques minutes pour écrire ce en quoi vous êtes gratifiant pour votre journée qu'elle fût très bonne ou moins bonne.

Je sais à quel point il peut être parfois difficile de travailler ce système pour la première fois. Vous pouvez tout à fait être reconnaissant aux conducteurs des transports en commun de ne pas s'être mis en grève ce jour, au temps d'avoir été en accord avec votre planning, à votre santé de vous avoir permis de vivre une journée de plus en bonne santé, à la vie de vous permettre de vous coucher paisible et de repartir demain en pleine forme, ...

Ne soyez pas limitatif et ne pensez pas qu'une gratitude peut-être moins importante qu'une autre. Elles ont toutes leur importance !

Je vais conclure sur un petit avertissement. La gratitude est un sentiment que vous devez travailler pour vous ! Il ne faut pas l'attendre des autres, de ce que vous pourrez faire pour eux, de ce vous pourrez leur apporter. Non ! Il faut exprimer votre gratitude, et non être en demande. Le but ici, n'est pas de gonfler l'ego parfois trop narcissique, mais bien plus de développer un état de conscience positif.

Gardez à l'esprit qu'en offrant votre gratitude vous attirerez plus de choses. En attendant qu'elle vienne des autres, vous développerez seulement des sentiments négatifs tels que la  culpabilité (« Je n'ai pas fait ce qu'il fallait pour avoir sa reconnaissance »), la peur (« Il ne m'a même pas remercié, il ne m'aime plus »), le manque de confiance en soi (« Même mes enfants ne sont pas reconnaissant de ce que j'ai fait pour eux... »). Plus vous attendrez - en règle générale - quelque chose de précis de l'autre, moins vous serez à même de recevoir ce que l'autre souhaite vous offrir.

## Le temps, ennemi ou allié ?

Le temps est une notion extrêmement importante dans la gestion du stress et des émotions. Et ce pour 2 raisons bien spécifiques.

On peut parler du temps de bien des façons. Le temps qu'il fait, celui qui passe, celui qui était ou encore celui qui sera. Le temps est une notion à la fois précise et tellement vague.

Ici, je vais vous parler de 2 de ces temps. Et nous allons commencer directement ici avec celui qui passe :

Le temps est un facteur non négligeable de stress. Il peut amener avec lui l'empressement quand il manque et la tension d'attendre quand il se fait désirer.

Mais c'est surtout sur un point de vue organisationnel que je souhaite aborder cette notion. Ce livre n'a pas pour vocation de vous apprendre à gérer le temps mais à gérer votre stress.

Dans la cadre qui nous intéresse ici, la gestion du stress, le temps joue un rôle à la fois dans l'amélioration mais aussi l'aggravation du stress.

J'ai avancé le terme organisationnel, car il semble être le plus adéquat pour amener la suite. Les troubles liés à la gestion du temps et ce que cela amène :

### 1) La Procrastination flash :

Apparait suite à une habitude quasi automatique de reporter à plus tard les choses à faire. Bien souvent la procrastination commence par les choses que l'on n'aime pas nécessairement faire, voire que l'on ne maîtrise pas bien. La personne se retrouve donc dans un système surchargé par les « choses à faire », et se met à procrastiner même les choses qu'elle apprécie en temps normal. On ne réfléchit plus, pas le temps, je le ferais après… d'où le terme FLASH.

## 2) La Tempsdinite :

Non, non, ce n'est pas une erreur de frappe. La tempsdinite ou plutôt l'inflammation du temps existe bien. C'est une tendance que l'on remarque de plus en plus chez de nombreux salariés. Une tendance à sous évaluer le temps nécessaire pour effectuer une tâche précise. Par delà, apparait une réelle difficulté à respecter les échéances et ces personnes se voient obligées de ramener le travail jusqu'à chez elle.

## 3) L'Ouïte aiguë ou chronique :

Beni Oui-Oui vous connaissez ? C'est celles et ceux qui ne savent pas dire NON. Par peur de déplaire parfois, par manque de confiance en soi, ou tout simplement par désir de vouloir plaire et satisfaire l'autre. Mais même cette option semble se raccorder à une mauvaise estime de soi et de confiance. L'ouïte aiguë amène son utilisateur à se déborder encore plus qu'il ne l'est déjà…

## 4) La Chronophagie :

Qui mange littéralement le temps ! Ce peut-être des personnes ou des choses, qui viennent interrompre ou simplement déranger la personne en action. « Pas possible d'être tranquille ! » - Provoquant perte de concentration et parfois peut aller jusqu'à un sentiment de persécution chez celui ou celle qui vit le blocage temporel. Très contagieux, la chronophagie peut se développer au delà de son cercle d'action propre.

## 5) La Lifophilie :

Typique des personnes qui n'arrivent pas à rester sur une même tâche jusqu'à l'aboutissement. Tendance particulière à traiter la dernière information venue, en laissant les plus anciennes peut-être plus importantes en stand-by.

Le lifophile entreprend beaucoup de choses mais en finit très peu. Il se plaint facilement de ne pas avoir le temps de « tout faire », en particulier pour planifier la fin de son travail en raison des urgences et imprévus qui viennent « bloquer » son avancée.

Ces personnes éprouvent souvent un confort certain à travailler sous tension, et on beaucoup de mal à s'arrêter. Peut-être par une association action-récompense, ou tout simplement pour le fait que l'action serait plus valorisante que la planification plus calme et posée…

Voici donc un certains nombre de troubles liés au temps et pour faire simple, je vous propose de vous reporter au rapport         ci-dessous et d'en constater les effets, et les moyens possibles de gérer facilement tout ça :

**1) La Procrastination :**

**Effets notoires :**

Dévalorisation de soi, des capacités personnelles et professionnelles à gérer les choses. Impression de se faire dépasser par les choses. Sensation de crouler sous les événements et les tâches.

Cette sensation peut même amener des troubles physiques du type douleurs cervicales, haut du dos tendu, sensation de poids sur les épaules, …

Elle peut aussi dans certains cas amener à penser que les choses avancent lentement ou n'avanceront jamais, et provoquer des tensions et douleurs au niveau des articulations du genou et/ou du bassin.

**Solution possible :**

L'une des solutions qui vous est accessible assez facilement est de travailler sur vos priorités personnelles et professionnelles. Arriver à redéfinir ce qui est important de ce qui ne l'est pas ou moins.

Par la suite on peut travailler à compartimenter les choses pour qu'un sujet ne déborde pas sur un autre, le tout en se donnant un temps définit pour agir sur un point précis. Ainsi, on peut facilement observer le changement qui s'opère après chaque action, et se libérer ainsi peu à peu du poids de « tout ça ».

## 2) La Tempsdinite :

**Effets notoires :**

Impression de voir ses compétences moindres vis à vis de la tâche à effectuer. Vouloir effectuer un projet sur un temps trop court, peut parfois être bénéfique pour se dépasser. Mais si c'est constant et que le système ne suit pas le rythme, alors il s'épuise. La panique peut aussi pointer son nez pour tenter de répondre à ça. Par où ? Comment ? Possible ou non ? Pourquoi ? ... Je n'y arriverai jamais ! Et le tout peut encore amener en plus vers la procrastination, libératrice de temps.

On peut remarquer une prise de poids, des douleurs articulaires aux coudes, poignets, et doigts. Des douleurs abdominales et des céphalées (maux de tête).

**Solution possible :**

Arrêter de se prendre pour un super héros ! Nous n'avons que 2 bras, et c'est bien assez comme ça ! Réapprendre à évaluer le temps et les moments. Savoir s'arrêter un temps pour se poser et s'organiser, pour mieux reprendre par la suite et plus efficacement.

## 3) L'Ouïte aiguë :

**Effets notoires :**

Se voir toujours entrain de dire oui, est peut-être un des meilleurs moyens de se dévaloriser. Effacement de l'identité, des valeurs personnelles, et de l'écoute de son corps.

Le manque d'écoute personnelle amènera bien souvent à l'apparition de troubles somatiques, qui s'affirmeront selon les zones en rapport avec le conflits vécu intérieurement.

Dans des cas poussés, le « oui - oui » peut mener vers une infantilisation volontaire ou non de celui ou celle qui pratique l'ouïte aiguë.

**Solution possible :**

Un travail sur les valeurs personnelles me semble être une solution de choix dans ce cas. Les valeurs seront un support solide sur lequel on pourra s'appuyer pour renforcer l'image de soi, de ce qui est bon ou non pour nous même, et ainsi redécouvrir la prise de décision en ce qu'elle a de bon et d'utile pour soi-même, mais aussi les autres.

**4) La Chronophagie :**

**Effets notoires :**

La victime du chronophage se voit perdre son « contrôle » sur les choses, et va reporter sa frustration sur tout ce qui pourrait être un élément perturbateur. Ainsi il va devenir désagréable, agressif car sur la défensive. Sentiment de persécution grandissant.

Mâchoire tendue, grincements de dents, fatigue dès le réveil. Douleurs dans le haut du dos, maux de tête, troubles de la vue.

**Solution possible :**

La meilleure solution pour se libérer d'un chronophage est d'établir un cadre clair et précis. Si le chronophage est une personne, il faudra veiller à maintenir un point et un temps « rendez-vous » pour satisfaire un besoin de communication et ainsi limiter les interruptions perturbatrices et génératrices de stress et de tensions.

Si le chronophage est une chose, un objet, il suffira simplement de ne pas se mettre en contact continu avec. Par exemple, les emails sont extrêmement chronophages. Il faudra privilégier des temps d'ouvertures et de réponses mails pour ne pas se laisser envahir durant le reste du temps.

## 5) La Lifophilie :

### Effets notoires :

Surcharge émotionnelle et physique du au fait de vouloir toujours traiter l'information finale comme la plus importante. Les douleurs typiques d'un lifophile sont les maux de dos surtout au niveau du bassin, des hanches et des « reins ». Les articulations des genoux et des chevilles peuvent aussi se voir touchées. Le tremblement des membres inférieurs peut en être une résultante aussi.

### Solution possible :

Noter un maximum de choses, ce qui permettra de mettre en comparaison les demandes et situations à traiter. Ainsi, il y aura « obligation » de confronter les éléments et de juger de l'importance des choses. Ainsi, l'urgent du moment pourra devenir simplement une chose à faire après. Et il n'y aura plus que de vrais imprévus et urgences, que le lifophile saura traiter en conséquence.

Vous connaissez désormais les 5 principaux troubles organisationnels dans la gestion du temps, et tout autant que ces déséquilibres peuvent être des sources de troubles menant au stress, à l'angoisse et à la nervosité.

Je vous disais plus haut que je traiterai le temps en 2 parties. Ayant fini la première, nous allons donc nous intéresser maintenant au temps, dans sa nature de source de connaissances, d'apprentissages et surtout de croyances.

On a souvent tendance à prendre le passé comme une référence pour toute chose. Parce que c'est toujours plus confortable de pouvoir s'appuyer sur quelque chose de connu plutôt que de nouveau et d'inconnu.

Le problème réside ici dans le fait que nous avons particulièrement tendance à nous rapprocher de notre passé quand cela nous permet de prédire une situation négative !

Avez-vous remarqué comme on ne se prête pas à ce jeu du retour dans le passé avec ce qui est bon pour nous ? On dira facilement, que ça c'est mal passé parce que ça a toujours été ainsi, mais pas que tout s'est déroulé parfaitement parce que c'est habituel … C'est assez curieux de voir le « 2 poids 2 mesures » que l'on peut parfois mettre en place sans y faire véritablement attention.

Il faut bien comprendre qu'à la base un souvenir en lui-même est faux ! Si, si, je le répète, il est faux ! Enfin, il semble être vrai pour celui ou celle qui s'en souvient. Mais plus le temps avance plus il s'associe aux vécus de la personne et se transforme peu à peu pour au fur et à mesure du temps coller à chaque fois comme il faut à la situation traversée ou imaginée.

Le souvenir est extrêmement maniable et surtout subjectif. Il vous est d'ailleurs déjà arrivé de partager avec vos amis le souvenir d'une soirée ou d'un voyage et de vite tomber en désaccord sur le déroulement exacte de la situation.

Qui a tord, qui a raison ? Personne en vérité ! Chacun a pu transformer son souvenir à sa guise pour faciliter le report de ses croyances, ses doutes, ses envies sur la situation présente ou à venir.

Je reprends assez régulièrement cet adage de Confucius qui dit :

**« L'expérience est une lanterne que l'on porte sur le dos et qui n'éclaire jamais que le chemin parcouru. ».**

Nous avons tous notre propre expérience de vie, et celle-ci peut permettre de nous faire avancer un peu plus chaque jour à condition de comprendre qu'elle n'est en rien un bagage pour demain, mais des clés pour comprendre hier et changer aujourd'hui !

Le temps est un allié dans le sens où il nous permet d'avoir un « retour » sur nos actes et nos décisions. Savoir si cela a été utile ou non, si cette méthode utilisée est efficace ou s'il faut en changer… Le temps est un très bon moyen de contrôle des résultats qui se produisent ou non. Mais rien de plus.

Avez-vous déjà essayé d'avancer en faisant une marche arrière ? Si vous ne l'avez jamais fait, essayez donc dès aujourd'hui. Vous verrez à quel point cela peut-être angoissant de vouloir quelque chose et de se rendre compte que c'est tout le contraire qui se produit.

Je vous parle de cela, car j'aimerai vraiment que vous puissiez faire la part des choses entre ce qui c'est passé avant, et ce qui pourrait se produire après. Plus vous prendrez en référence un moment passé, qu'il soit positif ou négatif, plus vous aurez tendance à faire en sorte que la réalité colle au souvenir que vous en avez.

En faisant cela vous risquez soit d'empirer la situation déjà négative en vous basant sur une fausse croyance « de recommencement », ou alors de vous empêcher tout simplement d'accéder aux ressources en place au moment T, en vous acharnant à vouloir rester ce qui avait pu fonctionner avant.

Le moment qui compte le plus est celui que l'on vit sur l'instant, rien n'est plus vrai et plus réel que celui-ci. Et nous apprendrons ensemble un peu plus loin à savoir apprécier le moment présent, sans jugement, sans a priori, et ainsi à découvrir les potentiels du présent !

## La communication, clé de la paix

Parmi les sources de stress on reconnait la communication. Saviez-vous que dans une majorité des conflits, qu'ils soient familiaux, professionnels, ou politiques même, on y trouve une constante : Le problème de communication !

La communication peut amener les tensions et/ou l'entretenir. Et quand on sait que l'on ne peut pas ne pas communiquer, alors on comprend mieux en quoi cela peut jouer sur notre stress. Pardon ! J'ai bien dit on ne peut pas « ne pas communiquer », je vais vous expliquer.

La communication se fait à bien des niveaux. On a pour fâcheuse habitude de ne la considérer que sur son plan verbale. Mais en réalité ce plan « verbal », ne représente qu'une toute petite partie de la communication véritable. En fait on a démontré que la communication se faisait sur 3 grands piliers :

1) Les mots utilisés : 7%
2) Le ton de la voix : 38%
3) La gestuelle, les postures, les attitudes … : 55%

Il est dès lors plus facile de comprendre qu'on ne peut pas ne pas communiquer. Si vous ne dites rien, et bien, comme il n'y a rien à entendre la communication passera à 100% par votre façon d'être, de bouger, de vous tenir, vos gestes, vos expressions sur le visage, …

On n'a d'ailleurs concrètement aucun besoin de connaître la « synergologie » (étude du langage corporel), pour savoir quand une personne nous semble antipathique ou agréable, alors qu'elle ne nous a pas encore adressé la parole !

Les conflits relationnels ont une grande part de responsabilité dans nos états d'être. Imaginez à quel point les choses seraient plus simple si il n'y avait plus de conflits entre les personnes de ce monde ! Ce serait dingue non ?

Et à votre niveau c'est un peu la même chose. En apprenant à communiquer comme il le faut, et quand je dis communiquer c'est dans les 2 sens : Recevoir / Donner, et bien vous serez à même de ne plus être aussi sensible aux attaques permanentes de la vie en société. A moins que vous ayez décidé de partir vivre en ermite au fond de la forêt ?! Ce qui serait dans ce cas là, vraiment plus un problème.

Savoir communiquer va vous offrir la clé de nombreuses portes. Et celle qui nous intéresse particulièrement ici sont les suivantes :

**- Développer la confiance en soi :**

En développant une communication efficace et juste, vous aurez un support de choix sur lequel vous appuyer pour développer votre confiance en vous-même. Le retour positif et efficace d'une bonne communication, fait de celle-ci un outil de choix dans l'accession à nos potentiels d'équilibre et de force intérieure.

**- Exprimer facilement et clairement ce qu'on ressent :**

Nous avons vu que les émotions étaient importantes, et qu'il fallait se donner le temps de les vivre et de les exprimer. En communiquant mieux vous serez capable d'accueillir les émotions quel quelles soient dans les meilleures conditions possibles, et de les exprimer clairement et sincèrement. Que ce soit verbalement ou physiquement.

**- Se faire respecter :**

Le respect passe avant tout par celui que l'on s'accorde. En apprenant à avoir une bonne communication, vous vous appuierez sur vos valeurs profondes, et positives, pour faire face aux conflits et ainsi pouvoir les gérer facilement sans que cela ne provoquent de « mal-être » en vous.

Pour que tout cela puisse se faire, il faut adopter une communication dite « Assertive ». L'assertivité signifie de refuser un comportement qui s'appui sur 3 caractéristiques :

- Agression
- Soumission
- Manipulation/Domination

Communiquer de manière « assertive », n'est ni plus ni moins, communiquer sans jugement, ni a priori. En voici les règles :

**VOUS (envers l'autre) :**

1 - Exprimer les faits tels qu'ils sont (sans jugement, ni critique, ou a priori).

2 - Exprimer vos sentiments si besoin est. Cela permet de se libérer des émotions pouvant nuire à la communication.

3 - Exprimer vos besoins (ceux qui sont à l'origine de vos sentiments)
4 - Il faut que votre demande soit claire et concrète. Il faut pouvoir demander un « feed-back », un « retour » immédiat.

**VOUS (à l'écoute de l'autre) :**

1 - Ecouter et recevoir l'information avec empathie, sans jugement, ni critique, ni reproche.

2 - Reformuler ce que dit l'autre et utilisez les 4 points de Vous (envers l'autre) et adaptez les éléments à l'autre.

—> Reformuler les faits

—> Reformuler ses émotions

—> Reformuler ses besoins

—> Reformuler sa demande pour qu'elle soit claire, concrète et adaptée à votre souhait personnel. (Mise en place d'un compromis gagnant / gagnant - Attention à ne pas passer en manipulation ou domination !)

Voici quelques exemples de phrases types à réutiliser, pour favoriser la qualité de vos échanges :

- « Merci pour cette suggestion, je vais la prendre en considération » (pas d'émission de jugement, et prise en considération de l'autre).

- « Non, je ne suis pas chargé Mardi niveau planning, mais je préfèrerai que cela reste comme ça » (Exprime un besoin vis à vis d'un sentiment).

- « Je pense comprendre ce que vous m'expliquez, mais je crains de ne pas être d'accord avec ça » (expression d'un désaccord par les sentiments, rendant le contre non agressif, et donc évite le conflit d'emblée).

- « Quand tu me dis ça, je suis mal à l'aise (1), j'aimerai mieux que tu changes d'attitude (2). Peut-être pourrais tu commencer par ne plus utiliser ce terme envers moi ?(3) ».

Expression du sentiment (1), du besoin qui est caché derrière (2) et proposition d'un compromis pour modifier le comportement de l'autre (3).

Retenez que plus vous serez à même de communiquer correctement et facilement, plus vous serez en mesure de vous protéger des tensions que peuvent souvent provoquer une communication mal établie.

## La négation n'existe pas

Il y a une information qui me semble essentielle de partager avec vous. Certaines formes de négation sont omises par notre inconscient. Celle dont je vais vous parler ici est le « ne…..pas….. ».

Cette syntaxe produit dans notre inconscient une perception tout à fait différente de ce que l'on pourrait supposer. Bien que notre conscient comprenne la nature du message, et son côté négatif "Il ne faut pas....", l'inconscient lui ne perçoit que "Il...faut...".

Difficile à croire ? Je vous l'accorde, faisons ensemble une petite expérience. Que bien entendu vous pourrez refaire à loisirs pour confirmer ce que je vous avance :

### Ne pensez pas à un avion bleu !

ou encore

### Ne pensez pas à votre téléphone

**A quoi venez vous de penser ?**

Et oui ! A un avion bleu, ou bien encore à votre téléphone ! Et pourtant ne vous avais-je pas demandé de ne pas y penser ?

C'est amusant de remarquer qu'il faut à notre conscient un moyen de visualiser ce qu'il "Ne... pas" avant de pouvoir véritablement comprendre cette négation.

Ceci vient du fait que l'information passe toujours en priorité par notre inconscient et que les filtres conscients ne viennent se poser que par la suite.

Ainsi, quand nous ne voulons pas voir un avion bleu, nous percevons celui-ci ! Notre inconscient est incapable de percevoir la négation et tourne au positif ce que nous "ne... pas..."

Voilà un très bon moyen de se jouer du négatif et de profiter d'une bonne programmation inconsciente et ce, même si elle se présente au conscient de manière négative.

Par exemple, un jour de pluie, le temps peu agréable, peut parfois provoquer chez certaines personnes des états de consciences moins positifs, soit par un manque de luminosité, soit parce que la pluie provoque un état d'être peu agréable. Nombreuses sont les raisons possibles. Mais une arme efficace contre cela existe ! Le "Ne ... Pas" !

Ainsi, plutôt que de vous dire : « Quel temps pourri aujourd'hui, ça me donne le cafard ». Vous penserez ainsi : « Il ne fait vraiment pas très beau aujourd'hui, cela ne me rend pas très bien ».

Et hop, le tour est joué, le conscient prend part à cette négation, mais votre inconscient non, et comme c'est lui au travers de différents mécanismes qui gère tous vos systèmes internes (humeurs, tension, rythme cardiaque, respiration, ...), alors déjà, vous ressentirez moins les effets négatifs dues au fait qu'il NE fasse PAS très très beau !

Apprenez à la mettre en pratique, pour vous, afin que ce qui vous dérange ou vous ennui, change et soit moins négatif à vivre. Ca peut tout à fait être des petites phrases que l'on se dit à soi-même, ou bien dans notre manière de nous exprimer vis à vis des autres.

Par exemple, plutôt que dès le matin, se lever du mauvais pied (ce qui arrive parfois), et se dire : « Je sens que la journée va être horrible ! » Et bien pensez plutôt « Je sens que la journée NE va vraiment PAS être super bien ». Cela ne changera pas tout certes ! Mais ça va tout de même y contribuer.

## Croyances et limitations

Ici, il va être question des croyances, mais pas à celles que l'on pourrait penser en premier lieu : ce n'est pas nos croyances religieuses ou spirituelles, mais celles qui nous guident dans nos choix, nos décisions, nos réussites et nos échecs.

Nous avons tous un ensemble de croyances, qui varient au fil du temps, mais qui sont toutes issues d'un système de pensée, d'analyse et de compréhension du monde qui nous est propre.

Une croyance, c'est un peu le filtre à travers lequel on regarde, on entend, on vit et ressent les choses. Ca dessine, et ça modélise notre monde au travers du regard que l'on porte sur lui.

Une chose que très peu de monde sait en réalité, c'est que les croyances se vérifient par elles-mêmes et n'ont aucune valeur propre. Elles n'ont pas de véritable existence, sinon pour celui ou celle qui les vie.

Prenez un exemple simple : « Je pense que je n'ai pas de chance dans la vie ». Une croyance plutôt répandue, qui limite énormément les potentiels de réussite de la personne qui pense ainsi.

Dans ce cas, à chaque événement, la pensée tournera son attention vers un ou plusieurs éléments qui pourraient confirmer la croyance que la personne n'a effectivement pas de chance. Et là entre en jeu la puissance créative de l'imagination.

Et même si la situation donne un résultat plus que satisfaisant, la personne trouvera toujours le moyen de dénigrer les bienfaits acquis par une phrase du type : « Oui, ici ça ne s'est pas trop mal passé, mais de toute façon ça ne va pas durer. Tu as vu, il m'est arrivé ça juste après ! Alors je n'ai vraiment pas de chance... ».

Le problème est qu'une croyance ne pourra être changée, tant qu'on aura pas décidé de changer sa propre façon de voir les choses.

Faites le test : Choisissez un thème agréable comme l'amour, l'amitié, le partage, l'argent, la réussite, ... , pensez y tout le temps et vous verrez plus que rapidement que le monde autour de vous va se présenter curieusement comme étant plus dans l'amour, l'amitié, ...

C'est un peu le même phénomène que lorsqu'on s'achète une nouvelle voiture. Une fois à son volant, on a l'impression que le reste de la planète a décidé d'acheter la même voiture que nous. C'est vraiment curieux comme on se programme à ne voir que ce qu'on veut bien voir ! Vous ne trouvez pas ?

## Appliquez et profitez !

## La respiration : Clé de Vie

Quoi de plus important pour commencer ce travail, que d'attaquer de front et de renforcer les bases de votre équilibre intérieur. J'ai pris la liberté de débuter sur cette notion de respiration. Ne serait-ce pas notre premier besoin ?

Celui, dont nous ne pouvons nous séparer, nous défaire. Et qui, sans que nous ayons besoin de faire quoique ce soit, fonctionne naturellement. Alors bien entendu, si je viens à vous parler de cette respiration si essentielle à notre Vie, c'est pour la simple et bonne raison, que ce mécanisme, pourtant naturel, est trop souvent modifié et perturbé par nos mauvaises habitudes posturales et émotionnelles.

Faites le test dès maintenant, et vous verrez de quoi je vous parle ! Prenez une grande inspiration.......... Voilà, c'est très bien ! Puis, soufflez............. Videz complètement vos poumons,  allez jusqu'au bout de votre souffle.... Ca fait du bien, non ?

Et pourtant une grande majorité de ceux qui viennent, peut-être en même temps que Vous, de faire cette inspiration, ne l'ont pas fait comme il l'aurait fallu.

Re-faites encore une fois cette inspiration profonde, et prenez le temps de regarder votre corps se gonfler cette fois-ci. Quelle partie se gonfle le plus ? Quelle est la zone de votre corps qui travaille le plus, durant cette inspiration profonde ?

Très certainement, votre thorax ! Qui se gonfle, cet effort conscient que vous devez faire, pour inspirer profondément, l'effort physique pour grandir l'espace de votre thorax. Et voici l'erreur la plus commune à ce qu'on appel l'Homme moderne !

Une respiration limitée, forcée et bien qu'elle soit agréable sur le moment, n'apporte pas véritablement de bien-être profond et durable dans le corps et l'esprit. La raison de cette affirmation est simple. En effectuant une respiration thoracique profonde, vous amenez vos poumons à se gonfler, et à prendre plus de place.

Mais cette fameuse place est limitée dans votre thorax. Vos poumons positionnés autour de votre coeur, font que celui-ci à beaucoup moins d'espace, quand ils se gonflent. Ce qui peut occasionner plusieurs gênes, de l'arythmie cardiaque, des essoufflements, voire de l'asthme, si cette respiration est maintenue et intégrer comme juste.

Nous allons donc procéder au premier apprentissage. Une respiration équilibrée et naturelle, qui va véritablement vous permettre d'acquérir un outil efficace et facile à reproduire n'importe où, n'importe quand !

Cette respiration s'effectue avec l'abdomen, car on y trouve un organe prédestiné au fonctionnement juste de notre respiration. Cet organe est le «diaphragme». C'est ce muscle, qui permet l'entrée et la sortie de l'air, notre respiration naturelle. Je vous parle de respiration naturelle depuis le début de ce cours, mais après tout, quand vous respirez «mal», c'est tout aussi naturel non ?

Et bien, le naturel ne veut pas forcément dire qu'il est bon. Il faut avant tout définir si ce naturel est de base, ou si il s'est enregistré dans vos comportements à force de répétitions continues.

D'ailleurs, cela présente bien notre premier point d'apprentissage : La répétition ! C'est elle, qui va nous permettre dans beaucoup de cas, de reprogrammer le système pour un meilleur fonctionnement.

Revenons à notre notion de «naturel». Avez-vous déjà regardé un bébé dormir ? Et bien si oui, vous avez surement remarqué les mouvements de son abdomen, qui se gonflait et se vidait au rythme de sa respiration «naturelle» !
Non encore re-programmée par la vie quotidienne, par le stress, les angoisses, les peurs, ...

**Bon très bien, allons-y !**

## Commençons le premier travail :

Durant tout l'exercice, je vous conseille de bien vous concentrer sur les mouvements de votre corps et de les accompagner de manière consciente et profonde, afin que celui-ci apprenne ces mouvements et les intègres rapidement.

Et ce, pour que dans les jours à venir, vous n'ayez plus à faire l'effort de mettre votre attention dans la réussite de cette respiration abdominale. Pour qu'elle devienne naturelle et se fasse de manière inconsciente.

## Le Protocole à suivre :

• Allongez vous sur le dos.

• Pliez légèrement les genoux et posez les pieds à plat sur le sol.

• Collez votre bassin bien au sol.

• Placez vos mains l'une sur l'autre au niveau de votre nombril.

• Commencez par faire une grande inspiration, comme à votre habitude.

• Maintenant, faites une autre grande inspiration, mais en forçant votre ventre à se gonfler comme un ballon à l'inspire.

• Vous devez, quand vous inspirez, sentir vos mains se soulever avec votre ventre.

• Sur l'expire, vous laissez le poids de vos mains peser sur votre ventre, et le faire revenir en position normale. Vous pouvez même appuyer de vous-même sur votre ventre afin d'amplifier la profondeur de l'expiration.

• Pratiquez l'exercice plusieurs fois, en prenant conscience des mouvements de votre corps dans la position.

• Vous pourrez éventuellement ressentir des sensations corporelles, tels que :

  - Etourdissements légers

  - Fourmillements

  - Chaleur / Fraicheur

  - ...

• Vous accueillez tous les possibles, sans jamais chercher à comprendre, ni à expliquer.

• Une fois terminé, prenez le temps de vous mettre en position assise, et respirez calmement.

A la suite de cette première pratique, je vous invite fortement à vous entraîner dès que possible, un peu n'importe où, n'importe quand, à pratiquer la respiration abdominale (Il n'est pas nécessaire de la faire tout le temps allongée) : Dans une file d'attente, à la caisse, en voiture, dans le bus, dans le métro, ...

**Il n'y a pas de lieu de prédilection,
seulement une respiration positive à travailler !**

Vous pouvez très certainement vous demandez, ce que cet effort de respiration abdominale va bien pouvoir vous apporter ? Quand saurez-vous que c'est acquis ?

Questions tout à fait légitimes je dois dire, et les réponses vous sauront données par vous-même lorsque vous aurez réussi à transformer votre respiration habituelle (thorax) en respiration abdominale.

Quand la respiration abdominale sera devenue naturelle, et que vous n'aurez plus besoin de vous concentrer pour qu'elle se fasse, alors vous vous rendrez compte (peut-être même avant ça), que vous êtes bien moins fatigué(e) dans l'effort, que vous gérez beaucoup plus facilement les situations stressantes, que la digestion se fait plus facilement. En plus, en vous entraînant à cette méthode de respiration, vous faites travailler vos muscles abdominaux, et ce n'est pas sans bienfaits pour maintenir votre belle ligne !

Le reste des phénomènes positifs, liés à cet exercice particulier apparaîtront d'eux-mêmes, de manière plus ou moins différentes selon les personnes, mais toujours dans une réalisation positive et agréable.

Il arrive parfois, que ce premier travail de respiration, provoque chez certain(e)s des remontées émotionnelles fortes, des sentiments et sensations inhabituelles qui peuvent déstabiliser quelque peu.

Pas de panique à bord surtout ! Si vous vous trouvez dans ce cas précis, n'hésitez surtout pas à mettre en pratique une règle que je donne et répète sans cesse :

**« Ne combattez pas, lâchez prise »**

Si quelque chose doit sortir d'une façon où d'une autre de votre esprit, de votre corps, par des images, des sensations, des émotions,... Laissez les sortir ! Tout ça n'en sera que mieux !

Veillez à faire consciencieusement ce premier exercice, car il vous sera nécessaire pour la suite de votre apprentissage dans la gestion du stress et des émotions.

# La visualisation créatrice

On en entend de plus en plus parler. C'est une méthode qui m'impressionne particulièrement par sa simplicité et son efficacité. J'ai commencé à la découvrir quand j'ai débuté ma formation en Sophrologie Caycédienne. Mais je ne savais pas alors que c'était ça.

La visualisation créatrice est comme son nom l'indique un moyen de créer par la visualisation, c'est à dire, voir en pensée, en imaginaire quelque chose. Mais créer quoi exactement ?

Et bien j'aimerai bien me laisser aller à dire TOUT. Cette technique se sert d'une faille de notre cerveau, et aussi d'une mauvaise habitude qu'il a de toujours faire en sorte de rendre réel ou tout du moins proche de ce qu'on perçoit, ce à quoi nous pensons ou voulons penser.

N'avez vous jamais remarqué à quel point il était facile de prédire que quelque chose se passerait comme ceci ou comme cela. Tout simplement parce qu'on connaissait déjà, alors ça ne pouvait que se passer de la même façon !

En réalité, bien souvent la situation est bien loin d'être la même, mais une partie de nous même a tellement envie d'y voir ce qu'on y avait prévu, que le cerveau se base sur nos croyances, nos attentes, nos jugements, pour faire que la situation colle au mieux à ce qui était « prévue ». Ici je mets volontairement un « e » à prévu. Pour construire mon explication.

Pour cela on peut partir d'une simple découpe du mot : Pré et Vue. Autrement dit, vu avant. Et c'est bien là le fabuleux défaut du cerveau que l'on peut exploiter.

Il est incapable de faire la différence entre ce qui est perçu en imaginaire et en réalité, et plus encore quand l'expérience de visualisation est vécue avec le corps et les émotions. Il ne suffit pas de voir, mais au contraire de vivre les choses pour qu'elles puissent se réaliser.

Je ne dis pas que les choses se dérouleront toujours comme on le voudrait, mais elles aboutiront d'une manière ou d'une autre à être proche, même très proche de notre Pré Vision.

Pour pouvoir effectuer cette technique, il vous suffira simplement de vous entrainer régulièrement à vous imaginer entrain de vivre à l'instant présent ce que vous désirez. Comme si c'était déjà arrivé, et que vous en profitiez pleinement.

L'erreur la plus courante, est de vouloir comprendre comment on est arrivé à l'obtention de ce qu'on voulait. Le déroulement « possible », les « étapes », … Il faut impérativement mettre de côté votre désir de compréhension, sinon vous risquerez simplement de bloquer vos chances de voir se réaliser vos attentes.

Prévoir ce que vous aller vivre est une chose, qui est particulièrement efficace, mais vouloir prédire la façon dont cela va arriver est plus que risqué !

N'oubliez pas, si vous y penser, votre cerveau n'aura de cesse, de rechercher la situation qui pourrait coller avec vos prévisions de « déroulement », et tant qu'il ne l'aura pas trouvée, et bien vous n'aurez aucun résultat !

Le véritable travail de visualisation créatrice consiste dans le fait de voir et de vivre « comme si » c'était déjà là. Mais sans jamais chercher à savoir comment cela arrivera. D'ailleurs on a pas besoin de savoir comment on fait pour respirer, pour digérer, pour que notre coeur batte, … pour que cela se fasse tout naturellement.

D'ailleurs cela me fait penser, que si on prend un exemple négatif, d'une situation que l'on prévoit compliquée et difficile. Il est fort probable qu'elle se passera mal et proche de ce qu'on avait imaginé (soit par peur soit par copie/ report d'une expérience similaire passée).

Mais dans cette expérience que nous avons tous traversée à un moment ou un autre, et peut-être même plusieurs fois. Avons nous eu besoin de savoir comment ça allait se dérouler ? Non ! Nous avons juste imaginé et vécu le négatif du résultat, et de ce que cela allait amener. Et certainement pas la façon d'y arriver !

Vous voyez, en cherchant bien, on se rend compte qu'on fait déjà tout ça, mais tant qu'on en prend pas pleine conscience, on ne peut pas utiliser ces super outils pour le positif !

Pour vous entrainer à cette technique, il vous suffira de vous reporter à la piste :

**« Visualisation et réalisation.mp3 »**

Et pour conclure cet exercice, une citation de circonstance que je vous invite à méditer :

*« Tout ce que nous sommes est le résultat de ce que nous avons pensé »*

**Buddha**

# Adaptabilité et stratégies gagnantes

Je vous ai parlé de la responsabilisation, et de son importance. Et cette attitude va pouvoir vous offrir l'adaptabilité qui est à mon sens une compétence ou capacité des plus utile et efficace à une vie sereine et positive !

Être adaptable c'est pouvoir réagir toujours en positif face aux événements de la vie, quel qu'ils soient. C'est par delà aussi être libre de pouvoir agir sur tout !

Devenir adaptable va vraiment vous apporter les clés du bien-être. Quelque soit la situation dans laquelle vous vous trouvez, là où vous allez, ... Parce que vous avez appris que le monde n'était ni bon ni mauvais, qu'il était simplement neutre. Que c'était votre vision des choses qu'il lui donnait un sens particulier...

Et bien en plus de tout ça, si vous êtes adaptable, alors vous pourrez être libre de faire de n'importe quelle situation un avantage pour vous ou au moins quelque chose qui ne vous touche que de loin, et ainsi vous protéger des tensions, du stress, du négatif inutile à une vie sereine et positive !

Voici quelques outils et techniques qui vont vous permettre de faire en sorte d'être adaptable et positif :

## 1) Résoudre les problèmes :

On a souvent la fâcheuse tendance de vouloir résoudre un problème à son niveau. Mais si il y a un problème, c'est bien parce qu'il est à ce niveau qu'il pose problème.

Alors comment pourrions nous résoudre un problème en restant dans le problème ? Là est bien la question.

Par nature, chaque problème a sa solution. Sinon en soi, ce ne serait pas un problème. Mais ce que beaucoup ignore et pour bonne raison que la notion suivante ne fait pas partie intégrante de notre éducation, c'est le système des "Niveaux de Logiques".

C'est un modèle issu du système P.N.L ou Programmation Neuro-Linguistique, mis au point par Robert Dilts suite aux travaux effectués par Gregory Bateson.

Il part du principe, qu'une problématique née à un niveau spécifique, parce qu'à un moment précis, l'organisation propre de chacun ne sait pas ou plus comment gérer la situation donnée.

Il paraît donc « logique » de ne pouvoir trouver de solution au même niveau de représentation !

| Niveaux | Correspondance |
|---|---|
| Identité de rôle | Avec qui d'autres ? (Vision) |
| Identité | Qui suis-je ? (Mission) |
| Valeurs<br>Croyances | Pour quoi ? (Motivation)<br>Pourquoi ? (Permission) |
| Capacités | Comment ? (Direction /<br>Coordination) |
| Comportements | Quoi ? (Actions observables) |
| Environnement | Où et Quand ? (Réactions) |

Le but de ce tableau est de vous permettre de situer votre problématique et d'aller rechercher au niveau supérieur la réponse à cette problématique et ainsi vous libérer des tensions inutiles. En voici un exemple concret :

« Actuellement j'ai vraiment des difficultés à pouvoir gérer les conflits qu'il y a au travail. Tout le monde se tire dans les pattes, et du coup personne n'arrive à faire son travail correctement. J'ai vraiment peur que cela nuise à ma carrière. Je me sens perdu. »

Ici, la personne est en proie à une problématique situé au niveau « environnement » avec une légère tendance aux « comportements ». Si l'on se reporte au tableau, on distingue que c'est le niveau « capacités » qui est juste au dessus.

La question à se poser dans ce cas précis est « Comment dois-je faire pour ne pas être touché par tout ça. Quelles capacités dois-je développer ? ».

On sait que l'environnement ne peut être changé, les comportements sont comme ils sont, on ne pourra pas les modifier, vu que ce sont des éléments encore une fois extérieur.

Alors il ne me reste qu'à puiser dans mes capacités intérieures pour trouver la capacité et éventuellement encore au niveau supérieur les valeurs et les croyances qui me feront vivre la situation autrement.

Je ne dis pas que ce sera forcément évident de faire cette démarche par soi-même, mais elle représente tout de même une des clés pour échapper au stress, aux angoisses et à la nervosité.

## 2) Apprendre à juger différemment :

C'est un peu utopique de vouloir apprendre à ne plus juger. Après tout, c'est notre jugement qui nous fait prendre nos décisions au travers de nos émotions et de nos croyances.

Mais en décidant qu'une chose soit bonne ou mauvaise pour nous, nous nous enfermons dans un seul champ de possibilité. Alors plutôt que de partir d'un extrême à l'autre « Juger <—> Ne plus juger », je préfère vous proposer d'apprendre à juger différemment.

C'est assez curieux comme idée ! Après tout ce n'est tout même pas moi qui vais décider à votre place ce qui est bon pour vous ou non ! Et vous avez raison de penser ainsi.

C'est bien vous qui allez continuer de penser si une chose est bonne ou mauvaise pour vous, parce que c'est vous qui la vivez, c'est vous qui la ressentez. Mais vous allez apprendre à offrir le bénéfice du doute à toute chose.

Ce n'est pas parce qu'un événement que vous vivez, traversez, vous semble négatif qu'il l'est nécessairement dans sa nature profonde, et surtout qu'il ne vous ouvre pas des portes sur d'autres choses plus positives.

J'aime vivre avec cette idée qu'il ne se passe jamais rien par hasard. Vous avez des envies, vous faites des choix, et tout ce qui se passe autour est un peu comme une réponse à vos questions, à vos attentes. Parfois les choses se passent bien (pour nous) et d'autres fois non.

Mais si on apprend à juger une situation comme neutre (elle peut tout de même nous plaire ou non), alors cette situation ouvre des possibilités d'actions, de changement, d'évolution auxquelles on aurait peut-être jamais pensé sans ça ?!

N'oubliez pas que rien n'est définitivement bon ou mauvais, ce qui se passe « est », c'est ce que nous percevons qui définit la nature d'une chose. En offrant la possibilité aux choses de ne pas être totalement mauvaises, la possibilité d'être une porte pour autre chose, alors on s'offre par la même occasion la possibilité de tirer profit de tout, tout le temps, quelque soit les circonstances.

### 3) On commence toujours par la fin :

C'est un peu étrange comme affirmation vous ne trouvez pas ? Dire de commencer par la fin serait presque de l'hérésie. On nous rabâche depuis tout gosse, qu'il faut commencer les choses dans l'ordre, par le début vers la fin. Après tout, on dit bien « ne pas mettre la charrue avant les boeufs ».

Mais si cette vérité, n'était en fait qu'un mensonge éhonté, qui se propage vicieusement dans notre éducation depuis des temps reculés ?

Il n'y a que peu de monde qui sait remettre en cause cette affirmation. Et vous allez en faire partie prochainement. D'ailleurs savez-vous peut-être déjà si cela est fait ?

Ici, le fait de parler de commencer par la fin, n'est en rien la finalité du projet que l'on se donne à réaliser. Par exemple, dans notre cas, « ne plus vivre de stress négatif ». C'est bien plus, le fait de terminer ce qu'on ne veut plus, pour pouvoir commencer ce que l'on souhaite.

Je vous donne un exemple des plus simples : « Lorsque vous marchez, que vous vous déplacez où que ce soit, vous devez mettre fin à un équilibre de position pour atteindre un objectif, un but, avancer. Si vous ne mettez pas fin à la posture, à la position précédente, si vous ne lâchez pas prise, alors vous ne pourrez pas avancer.

Faites le test : Placez vous debout, fixez vous un objectif, un point, un endroit à quelques pas de là où vous êtes, et décidez de ne pas abandonner, de ne pas mettre fin à la position que vous avez là. Peu importe la force que vous mettrez à vouloir avancer. Sans lâcher, rien ne se passera, et vous allez vous épuiser inutilement.

Et bien pour tout le reste c'est la même chose. Peut-être même que vous savez pourquoi c'est ainsi ?! Il y a une raison bien particulière…

Cette raison, c'est de croire infiniment que les choses ne changent jamais, que rien ne bouge, que tout est stable, … Mensonge ! Mensonge ! Mensonge !

A force de penser ainsi, nous nous rendons incapables de pouvoir réagir positivement aux nombreux changements qui s'opèrent en permanence autour de nous. En pensant que rien ne change, vous vous mettez en « stand-by », et vous laissez le monde tourner seul autour de vous. Sauf, qu'au bout d'un certain temps, et bien vous vous réveillez dans un monde qui vous semble complètement différent, sans vraiment avoir compris pourquoi tout à changer d'un coup d'un seul.

Observez, comment les choses changent et appliquez vous à vous y adapter de votre mieux. Ainsi vous serez capable de reconnaître les choses qui doivent prendre fin, pour que celles qui commencent, puissent le faire positivement et activement !

Voici le protocole à suivre. Il est bien entendu ouvert à l'adaptabilité, mais respecter dans un premier temps ce système vous permettra d'en éprouver l'efficacité, et d'en tirer le pouvoir positif :

**1ère étape : Mettre fin à ce qui était**

Prendre acte de l'apparition du changement et mesurer ce que cela représente pour la ou les personnes concernées.

**Question type : « Pourquoi faut-il changer ? »**

**2ème étape : Se placer en zone de transition (zone dite « neutre »)**

Se trouver de nouveaux repères. De nouveaux éléments sur lesquels appuyer son attention, sa réflexion, ses attentes, …

**Question type : « Pour quoi / dans quel but faut-il changer ? »**

En se plaçant dans une zone neutre, nous acceptons de laisser nos repères passés disparaître et nous nous ouvrons à tout un tas de possibles. C'est une zone qui peut a priori paraître angoissante. On ne sait pas trop où, quoi, comment, …

Et c'est dans un même temps, une zone cruciale et extrêmement positive, dans laquelle on peut utiliser le travail de visualisation créative. C'est une zone, où l'on va définir ce que le changement, la transition, va pouvoir nous apporter de positif et de juste.

En clair, fixez vous des repères, des objectifs, des buts. Et toujours sans chercher à savoir quel chemin prendre, mais bien plus le bonheur qu'en vous y serez arrivé.

### 3ème étape : Prendre un nouveau départ

C'est le moment de prendre du recul, de réaliser un bilan de ce qui était avant, de ce que cela a apporté, ... Mais aussi de pouvoir s'accorder des récompenses vis à vis des efforts fournis pour pouvoir arriver jusqu'à cette nouvelle transition. Ce sera le dernier critère qui vous permettra de mettre fin à ce qui était et de vous engager dans une nouvelle direction.

*« Rien n'est permanent, sauf le changement »*

**Héraclite d'Ephèse**

## La sophrologie : Une philosophie de vie

Discipline à part entière, j'ai toujours aimé considérer la Sophrologie comme une philosophie de vie. Une approche de la vie, de l'existence, qui replace l'Homme au centre de sa propre réalité, et aussi le positif qu'il est possible d'y développer.

Composée de différents courants de pensées, de techniques, autant orientales, qu'occidentales. C'est dans l'optique de son efficacité et de son adaptabilité que je vous propose de découvrir un des outils fondamentaux qui font de cette science un véritable atout face au stress !

Cette technique, est ce qu'on appelle dans le jargon professionnelle, la « sophronisation de base vivantielle ». C'est un peu la base, la première pierre de l'édifice, là où toute la méthodologie va prendre son appuis pour évoluer au fil des différents « degrés » de la pratique sophronique (ou sophrologique).

Je pourrais vous en parler pendant des pages et des pages, mais l'apprentissage de cette méthodologie m'a toujours montré que les mots ne servaient jamais autant que la pratique elle-même.

Pour cette raison, je vous invite à vous rendre directement à la pratique de la « **Sophronisation de Base Vivantielle.mp3** » que vous trouverez au lien internet que je vous ai déjà transmis au début de cet ouvrage.

Voici cependant une approche que je vous invite à mettre en place dans la pratique de cette séance. Cela vous permettra de pouvoir pleinement profiter de chaque séance, sans vous soucier du reste :

- Placez vous dans un endroit calme
- Privilégiez la position assise afin de ne pas vous endormir
- Ne jamais être dans l'obligation d'atteindre quoi que ce soit
- Accueillez toutes les sensations et impressions sans jugement ni explication.

- A chaque fin de séance, prenez le temps de revenir tranquillement et profitez de ce temps pour noter vos impressions et ressentis sur un carnet ou une feuille. Cela vous permettra de donner une réalité supplémentaire à vos vécus intérieurs.

Je vous souhaite de très bonnes séances, et sachez que plus vous pratiquerez, mieux vous serez et plus la sophrologie vous offrira de résultats positifs et agréables.

---

Pour ceux et celles qui aimeraient tout de même, obtenir des informations complémentaires, je vous invite à vous procurer l'ouvrage de référence en la matière co-écrit par l'un de mes professeurs et le fondateur de la Sophrologie Caycédienne :

**Sophrologie : Tome 1, Fondements et Méthodologie**

Du Docteur Patrick André CHENE & Alfonso CAYCEDO

Aux éditions Ellébore

# La cohérence cardiaque

Vous avez très certainement déjà entendu parler de cette technique de relaxation et de gestion du stress qui se base sur la cohérence cardiaque.

Par cohérence cardiaque on entend, mettre le rythme du coeur sur une fréquence similaire à celle de la respiration.

On a déterminé que cette fréquence idéale était de 0,1 Hz. Mais chaque individu ayant sa propre fréquence de résonance optimale, il faut donc effectuer quelques exercices afin de déterminer le rythme idéal à prendre en compte pour effectuer la « cohérence cardiaque » et ainsi se libérer des tensions et du stress.

Cette fréquence idéale, se trouve comprise en 4 et 7 respirations complète par minute. Il va donc falloir, vous entrainer pour connaître la vôtre.

Commencez par vous placer devant une horloge, une pendule, une montre, un minuteur, … Afin de pouvoir vous baser sur cette minute de référence et tester les différents rythmes de respiration. Et ce jusqu'à trouver celui qui convient le mieux.

Effectuez des respirations en 50/50. C'est à dire de souffler autant que vous inspirez. Vous pouvez vous aider en comptant dans votre tête la durée de ces respirations.

Voici un petit mémo pour vous aider à déterminer le nombre de de respiration par minute idéal :

**7 par minute** : Inspiration / Expiration —> 4 Sec. de chaque

(Respiration complète : **8 Secondes**)

**6 par minute** : Inspiration/Expiration —> 5 Sec. de chaque

(Respiration complète : **10 Secondes**)

**5 par minute** : Inspiration/Expiration —> 6 Sec. de chaque

(Respiration complète : **12 Secondes**)

**4 par minute** : Inspiration/Expiration —> 7 Sec. de chaque

(Respiration complète : **14 Secondes**)

Une fois que vous aurez déterminé le nombre idéal de respirations par minute, vous pourrez alors adapter votre travail en fonction de vos besoins.

Il existe 3 exercices spécifiques que vous pouvez utiliser au quotidien, au travers de la cohérence cardiaque :

**1) Respiration complète en Relaxation :**

**40% Inspiration / 60% Expiration**

Ici, vous expirez plus que ce que vous inspirez. Par exemple pour 5 respirations par minutes cela donnerait ceci :

Inspiration : 5 Secondes / Expiration : 7 Secondes

**2) Respiration complète en Equilibre :**

**50% Inspiration / 50% Expiration**

C'est la respiration que vous avez pratiquée en entraînement. Il vous suffit de connaître votre rythme et de suivre le protocole.

**3) Respiration complète en Dynamisation :**

**60% Inspiration / 40% Expiration**

Ici, vous inspirez plus que ce que vous expirez. Par exemple pour 5 respirations par minutes cela donnerait ceci :

Inspiration : 7 Secondes / Expiration : 5 Secondes

Il est plus que conseillé de faire ces exercices régulièrement, afin de pouvoir les utiliser dans n'importe qu'elle situation, et surtout que vous puissiez la maîtriser en cas de besoin urgent.

Cet exercice, peut se faire n'importe où, dans n'importe qu'elle position (assis, debout, allongé). Plus vous adapterez l'exercice à votre quotidien, plus il deviendra adaptable à vos besoins.

## Posez l'ancre dans un port de plaisance

Dans la partie précédente, je vous avais parlé d'ancrage. Mais qu'est ce qu'un ancrage ? Dans le mot ancrage nous retrouvons ancre. Qu'est-ce qu'une ancre sinon un moyen physique de se poser à un endroit sans avoir à se soucier du reste.

Une fois que l'ancre est jetée à la mer, le navigateur que faire tout ce qu'il veut sans avoir à se soucier du mouvement de son bateau, puisqu'il est en arrêt à un endroit précis. C'est un peu comme mettre le frein à main de la voiture. Ca ne bouge plus !

Une ancre en PNL (Programmation Neuro Linguistique) permet de se placer en l'espace d'un instant, dans un état positif (si l'ancre est positive bien entendu). C'est un peu comme un interrupteur, on appuis dessus, et la lumière s'allume.

L'ancre est un signe, un geste, un contact avec son propre corps ou un objet qui ramène à un état émotionnel positif et rassurant. En voyant le mot objet, cela vous a peut-être ramené à ce « doudou » que vous aviez étant enfant, et qui vous réconfortait lorsque vous étiez triste ou effrayé(e). C'est une ancre aussi !

Il est évident que je ne vous conseillerai pas de reprendre un « doudou » à trimbaler partout avec vous. Ca pourrait-être mal perçu d'un point de vue extérieur.

Pour les mêmes raisons, nous éviterons de prendre le mécanisme de succion du pouce, qui risquerait de vous infantiliser plus qu'autre chose (bien que cette ancre fonctionnerait parfaitement encore aujourd'hui).

Nous nous concentrerons plus volontiers sur un geste du type, croiser les doigts, coller le pouce à l'index, apposer la main sur une partie du corps en particulier. Il est préférable de trouver une ancre simple, facile à reproduire, et discrète. Ce qui vous permettra de la réutiliser à volonté, et ce dans n'importe quelle situation.

Voyons maintenant comment procéder à l'activation d'une ancre positive, pour vous :

La technique que je vous expose ici est particulièrement efficace et pratique. Et même si cela vous donne l'impression d'être quelque chose de trop difficile à première vue. Ne vous en inquiétez pas ! J'ai pensé à tout ! Une piste audio mp3 vous attend pour vous accompagner dans cette démarche :

### « ancrage.mp3 »

Elle se déroule en 5 étapes. Chacune de ces étapes correspond à un mécanisme de l'ancrage. Il est donc important de veiller à bien suivre les indications données sans vouloir aller trop vite. Vous risqueriez de rater votre ancrage et il pourrait même en devenir négatif.

### 1ère Etape : Choisir l'état désiré

Vous devez faire en sorte de choisir l'état que vous souhaiteriez retrouver grâce à votre ancre. Ca peut être beaucoup de choses différentes : Joie, Sécurité, Energie, Courage, Assurance, Confiance, … C'est à vous de choisir l'état qui vous servirait le mieux !

Dans tous les cas, ce doit-être un état qui soit positif, non anxiogène et non limitatif.

### 2ème Etape : Retrouver un souvenir où cet état était présent

Maintenant que vous avez trouver l'état désiré, vous devez vous concentrer à trouver un souvenir qui vous est propre, où vous aviez vécu cet état, ce sentiment. Le souvenir peut-être plus ou moins récent, là n'est pas l'important. Ce qui compte le plus, c'est qu'il soit positif et bien présent dans votre esprit.

Il peut arriver parfois que l'on éprouve des difficultés à pouvoir rattacher un état désiré à un souvenir. Mais là encore, ce n'est pas un problème majeur. Il vous suffira dans ce cas précis, de simplement jouer un rôle.

De faire semblant, comme si vous retourniez enfant, quand vous étiez capable de faire le super héros, d'être une star de la chanson, du cinéma... L'imagination peut aussi être une clé de réussite à votre ancre.

### 3ème Etape : Faites le choix de votre ancre

Vous avez l'état désiré en tête, le souvenir ou le rôle à vivre, il ne vous reste plus qu'à trouver votre ancre. Choisissez ce que vous voulez. Du moment que c'est facilement reproductible et accessible partout, à tout moment.

Testez l'ancre plusieurs fois, afin de vérifier que vous soyez à l'aise avec celle-ci. Une fois en place, alors vous êtes prêt(e) pour l'étape suivante.

### 4ème Etape : Vivre l'état désiré

Placez vous dans un endroit calme et tranquille. En position assise. Prenez plusieurs grandes inspirations et fermez les yeux. Laissez venir toutes les pensées, les idées, sans les combattre et puis laissez les repartir naturellement, en ne vous concentrant que sur votre souvenir ou votre rôle à vivre.

Prenez tout le temps, de laisser le souvenir s'installer dans votre esprit, ses détails, les formes, les couleurs, si ça bouge, si c'est fixe, les sons, les odeurs, ... Utilisez tous vos sens. Au fur et à mesure le décor va se planter, les informations vont se préciser.

A partir de là, laissez votre esprit aller chercher les sensations, les impressions, les émotions positives, en rapport avec votre état désiré.

Vivez tout ça, comme si vous étiez, au moment présent. Petit à petit, de manière plus ou moins rapide, vous allez ressentir de mieux en mieux tout ça.

Lorsqu'il vous semblera assez présent mais encore en cours d'augmentation (intensité grandissante), effectuez votre ancre, et sur chaque expiration, installez votre état désiré à l'intérieur.

### 5ème Etape : La répétition, clé de la réussite

Refaites maintenant 3 fois, la 4ème étape, afin de renforcer votre ancre. Puis, n'hésitez pas à l'utiliser le plus souvent possible, afin d'installer cette ancre comme un automatisme, comme si vous vouliez faire apprendre à votre corps et à votre esprit cet outil par coeur.

Vous pourrez refaire cet exercice autant que vous le souhaitez, jusqu'à ce que votre ancre soit parfaitement au point. Evitez cependant de changer d'ancre trop souvent. Si vous pensez qu'une autre serait meilleure allez-y, sinon maintenez ce qui a été mis en place. Cela vous évitera une confusion d'ancrage.

## L'auto-hypnose

On se demande toujours, comment il est concrètement possible de pouvoir mettre une personne sous hypnose !? C'est quand même dingue vous ne trouvez pas ?

On est là, tranquillement installé, et une personne tout sourire vient nous voir et nous dit : « Venez, je vais vous hypnotiser ». Alors on rigole un peu, on y va plein de confiance, parce qu'après tout, on a une force de caractère plutôt corsée !

Et puis, on tombe, dans cet état un peu étrange. On est là sans y être, tout devient lointain et brumeux. On se sent bien, détendu comme jamais… Qui sait, j'ai peut-être fait un malaise, sans m'en apercevoir, sans souffrance, ou je suis au paradis… Non, ça n'a pas l'air d'être ça, j'entend que l'on me demande pleins de choses, et mon corps semble suivre les indications… Mais je suis où là ?

Peut-être est-ce déjà arrivé à l'un(e) d'entre vous ? Si c'est le cas, vous savez de quoi je parle, sinon, … bha vous le savez aussi puisque je viens de vous en parler !

L'hypnose de spectacle peut-être parfois tout particulièrement impressionnante, et même si dans la majeure partie des cas, c'est réellement ce qui se passe.

N'oubliez pas qu'il y a aussi la mise en scène, l'ambiance, le personnage, qui font que ça devient tout de suite plus impressionnant. Imaginez un grand comique entrain d'hypnotiser une personne sur scène… A mon avis, on va plus rigoler qu'être subjugué ! Qu'en pensez-vous ?

Et bien, au-delà de vous proposer d'apprendre à faire tout ça. Je vais vous donner une technique, assez simple, qui permet à beaucoup de monde, de pouvoir entrer en transe (de manière plus ou moins profonde).

Tout le monde peut y arriver. Il faut juste parfois se donner un peu de temps, pour atteindre un état profond et intéressant d'hypnose.

Faire de l'auto-hypnose, va vous permettre, au delà de faire un moment de pause agréable. De jouer sur vos systèmes inconscients. Vous allez pouvoir de cette façon, demandez à cette partie de vous-même qui est toujours présente (l'inconscient), de faire en sorte de limiter votre stress, voire même d'y trouver des solutions efficaces et originales pour pouvoir vous mettre à l'abri.

*Je n'ai pas préparé de piste audio mp3 pour cet exercice, car il est important de pouvoir prendre le temps de le faire à son propre rythme.*

*En enregistrant une piste, je risquerai de ne pas aller assez vite pour certains et beaucoup trop pour d'autres.*

*Il sera bien plus efficace de vous entrainer seul(e) à cette méthode.*

**Voici le processus à suivre**

**1ère Etape : L'élément à travailler**

Avant de commencer vous devez déterminer l'élément sur lequel vous désirez que votre inconscient travaille. Par exemple, « je me sens toujours très stressé au moment de prendre les transports en commun. Je souhaiterai pouvoir être plus détendu vis à vis de ça, car c'est important pour moi de le prendre pour aller travailler ».

On a notre sujet clé, et aussi la demande positive justifiée. L'inconscient n'a aucune raison d'effectuer un changement si celui-ci n'a pas de but positif et réellement important.

D'être détendu ,c'est positif, et d'aller travailler, c'est important. Sauf si vous avez gagné à la loterie, et encore que… Vous avez donc tout en main pour que votre inconscient travaille à changer tout ça.

### 2ème Etape : Se poser dans un endroit calme

De préférence en position assise (debout vous pourriez tomber si la transe était profonde), vous allez prendre le temps de respirez plusieurs fois profondément. Et vous allez choisir l'une de vos 2 mains. La droite pour les droitiers et la gauche pour les gauchers. Vous pouvez aussi prendre à l'inverse.

Le but est de placer votre main reposée, ouverte, de façon à pouvoir observer l'espace entre votre pouce et votre index. Votre main se positionne un peu comme si vous teniez une grosse balle dans la main.

### 3ème Etape : Parlez à votre main, à votre corps, à votre esprit

Pendant que vous allez regarder cet espace entre votre pouce et votre index comme sur l'image ci-dessus, vous allez vous répétez ce texte intérieurement :

- Vous remarquerez qu'à aucun moment vous n'utiliserez les termes mon/ma/mes/je, ce qui va permettre la dissociation corps/esprit - il est impératif de respecter cette règle)

- Les … indiquent que vous devez faire une pause entre les mots indiqués. 1 à 2 sec, pas plus.

- Non, il n'y a pas de fautes d'orthographe ou de conjugaison. Laissez, et lisez le texte tel qu'il est !

« Ce pouce et cet index vont se …. Rapprochez …. Lentement …. Petit à petit ils se … rapproche…. De plus en plus ….. Toujours plus …. Lentement, les doigts se rapprochent, et lorsqu'ils se toucheront,… alors… peut-être juste avant, juste… après …. Ou en même temps, …. L'inconscient s'installe profondément …. Tous les détails s'éloignent, …. Ca peut sembler tournez, vibrez, …. Et cet état continu de se …. Renforcez …. Alors que les doigts …. Se rapproche, …. De plus en plus …. Comme ça. Alors que la respiration, se fait …. À certains moments ou …. À d'autres… Alors les doigts…. Bientôt…. Collez…. Soudez…. Semblez détachez de tout le reste …. L'état de transe s'installe, et l'inconscient peut maintenant prendre le temps qu'il souhaite pour….. Travaillez … à résoudre et à …. Trouvez … Tout ce qui est important et bon, pour ce corps et cet esprit…. Maintenant. »

Rien ne vous empêche ceci dit, de prévoir un temps de travail. Avec l'entrainement, on arrive de plus en plus à descendre en transe profonde, et on peut tout à fait accorder 10 minutes par exemple à l'inconscient pour qu'il fasse son travail, et curieusement, on ressort de l'état à quelques secondes près du temps demandé.

## Conclusion

Vous avez donc maintenant compris ce qu'est le Stress, dans sa nature, dans ses effets, dans les possibilités et les limitations qu'il offre.

Vous voilà maintenant en possession d'outils et de techniques qui ont fait leurs preuves et qui fonctionnent parfaitement bien à la condition de les appliquer comme il se doit.

Vous êtes maintenant plus responsable que jamais de votre destin en matière de stress et de détente… peut-être même plus encore ?

Je vous souhaite de prendre autant de plaisir à vivre cette nouvelle vie qui vous attend, que je peux en prendre chaque jours depuis que j'applique tout ceci et encore bien plus.

Au plaisir de passer à nouveau du temps en votre compagnie, je vous souhaite une vie pleine de positif, de bonheur, d'adaptabilité, de découverte et surtout d'évolution !

Bien à vous,

**Julien GIRAUD**

www.ingramcontent.com/pod-product-compliance
Lightning Source LLC
Chambersburg PA
CBHW020708270326
41928CB00005B/331